Negierte Lust

Catherine Malabou

Negierte Lust

Die Klitoris denken

Aus dem Französischen von
Luzia Gast

DIAPHANES

Titel der Originalausgabe:
Le plaisir effacé. Clitoris et pensée

ISBN 978-3-0358-0414-0

Satz und Layout: 2edit, Zürich
Druck: Steinmeier, Deiningen

www.diaphanes.net

Inhalt

Dem Andenken an Anne Dufourmantelle,
als Echo auf ihre Meditation
über die Sanftheit.

»Klitoris, rätselhafter Rubin, leuchtendes Schmuckstück auf dem Torso eines Gottes sich regend.«

Pierre Louÿs

1.

Löschungen

Die Klitoris ist ein winziges Steinchen, verborgen im großen Schuh des sexuellen Imaginären. Bekannt für ihre zierliche Gestalt galt die junge Klitoris der griechischen Mythologie als klein »wie ein Kiesel«. Lange verborgen gehalten, namenlos, weder von Künstlern dargestellt noch in den medizinischen Lehrbüchern erwähnt, ja von den Frauen selbst unbeachtet, fristete dieses lästige, sich in die Gedanken bohrende Körnchen ein im ursprünglichen Wortsinn *skrupulöses* Dasein.[1] Die Etymologie schwankt in ihrer Formenlehre, ob sie auf den »Hügel« *(kleitoris)* oder den Verschluss, die Spange *(kleidos)* zurückzuführen ist. Die Klitoris: dieses kleine, schwellende Geheimnis, das widerständig und störend in unserem Gewissen haust und uns die Ferse aufreibt, ist das einzige Körperteil, das nur der Lust dient – zu nichts also: diesem Ganz-und-gar-Nichts, diesem unendlich großen Nichts, diesem Alles oder Nichts weiblichen Lustempfindens.

Die erste anatomische Verwendung des Wortes ist Rufus von Ephesos zu verdanken, einem griechischen Mediziner des 1. und 2. Jahrhunderts, der sie ein Versteckspiel mit ihren Synonymen treiben ließ: »Die *Nymphe* oder *Myrte* ist jenes kleine Stück Muskelfleisch, das in der Mitte [der Ritze] hängt und das die einen *Hypodermis*, die anderen *Clitoris* nennen, wie man auch *klitorisieren* sagt, um das lüsterne Streicheln dieser Stelle zu bezeichnen.«[2] In Frankreich taucht der Name erstmals 1575 bei Ambroise Paré auf, der ihn *cleitoris* schreibt…, bevor er in dessen *Werken* von 1585 wieder verschwindet.[3] Gabriele Fallopio (Namensgeber der sogenannten *tuba Fallopii*, des Eileiters), kann noch 1561 behaupten, sie entdeckt zu haben. Kaum war sie da, ist sie auch schon getilgt.

Springen wir ins 21. Jahrhundert: Ein Gynäkologe erläutert einer Reihe verblüffter Männer, wie sich die Klitoris im Kontakt mit einem Glied, einem Dildo, bei der Berührung mit dem Finger oder der Zunge verhält, wie sie sich regt, welche Lage sie während der Penetration oder einer Liebkosung einnimmt.[4] Sie ist Komplizin, Kameradin der Vagina, aber auch eine einsame Genießerin, denn sie folgt dem Eros in zweierlei Richtung: Mal wiegt sie sich, die penetrierte Vagina begleitend, mal wird sie hart, wie eine Bergspitze sich aufrichtend. Mal beides zugleich, mal nur das eine ohne das andere. Unentwegt bringt die Klitoris die Dichotomien durcheinander.

Und auch dieses doppelte Leben, das bereits die Norm der Heterosexualität in Frage stellt, findet jahrhundertelang keine Beachtung. Erste Erkundungen verkennen sie nur noch mehr, denn man vergleicht sie mit dem Penis. Die Theorie des Penisneids bei Freud, demzufolge das weibliche Geschlecht Ausdruck eines Mangels ist, ist hinlänglich bekannt. Als Kastrationsnarbe ist die Klitoris ein verkrüppeltes Glied. In gewisser Weise ist auch Freud noch in einem sexuellen Monismus gefangen. In *Auf den Leib geschrieben. Die Inszenierung der Geschlechter von der Antike bis Freud*[5] hat Thomas W. Laqueur die kühne These formuliert, dass es die seit der Antike bis ins 18. Jahrhundert hinein vorherrschende Auffassung eines einzigen Geschlechts war, die dazu führte, dass die anatomischen Unterschiede zwischen Mann und Frau unbeachtet blieben. Man dachte wirklich, dass es nur ein einziges Geschlecht gäbe, sich die weiblichen Geschlechtsorgane im Innern des Körpers befänden wie jene des Mannes außen, eine Vorstellung, die auch die späte anatomische Entdeckung der Klitoris nicht vollständig hat verabschieden können.

Selbst die durch Simone de Beauvoir heftig angegriffene Phantasmenproduktion rund um die Lesbierin als invertierter Mann steht noch in dieser Linie.[6]

Obschon als verstümmelter Penis betrachtet, wurde die Klitoris zugleich mit exzessiver Lust assoziiert. Nutzlos für die Fortpflanzung. Negiert und doch lüstern. Einer Legende zufolge sollen einige Gorgonen mit übergroßer Klitoris zu lebenslanger Masturbation verurteilt worden sein. Und so wurde die operative Entfernung der Klitoris, die Klitoridektomie, auch als »Therapie« eingesetzt und die Frau ein zweites Mal kastriert, um ihre Lüsternheit zu stillen. Eine Radikallösung gegen die Unendlichkeit der Lust.

Genitalverstümmelungen gibt es in allen Kulturen, nicht nur in Afrika, wie man allzu oft glaubt. Im Westen wurde sie als Mittel gegen Hysterie und Nymphomanie eingesetzt. Es gibt mehrere Arten, die Klitoris zu entfernen, physische natürlich, aber auch eine ganze Reihe psychischer Möglichkeiten. Die Legende von der Frigidität, Gegenstück zur Nymphomanie, ist nur eine unter ihnen. Mangel, operative Entfernung, Verstümmelung, Verleugnung: Kann die Klitoris im Denken, am Körper, im Unbewussten denn nicht anders als negativ erscheinen?

*

Vieles hat sich verändert, sagt man. Das stimmt. Die anatomische, symbolische, politische Existenz der Klitoris wird heute durch eine echte Vielfalt an Sichtweisen, Kulturen,

Praktiken, militanten und performativen Gesten geltend gemacht. »Wir brauchen eine Klito-Revolution!«, einen echten »Aufstand der Muschis«, fordert Nadeschda Tolokonnikowa von Pussy Riot.

Auch finden sich glücklicherweise immer mehr Publikationen, die ihr Beachtung schenken.[7] Eine vollkommen neue Geographie, Ästhetik und Ethik der Lust, eine Überwindung der heterosexuellen Matrix, kurz: ein »Jenseits der Penetration«, zeichnet sich ab.[8]

Und auch unter den Feminist:innen haben sich die Linien verschoben. Vom Feminismus der zweiten, dann dritten Welle bis hin zum neuesten Transfeminismus hat sich der Diskurs gewandelt. Die Klitoris wird nicht mehr oder nicht mehr nur als das ausschließliche Merkmal der Frau begriffen. Mit queeren, inter- und transsexuellen Ansätzen ist sie zum Namen eines libidinösen Dispositivs geworden, das nicht mehr zwingend dem Weiblichen angehört, was die traditionelle Sicht auf Sexualität, Lust, Geschlecht ins Wanken bringt und andere Chirurgien wie auch ein anderes Imaginäres hervorbringt. Von jetzt an, deklamiert Paul B. Preciado, kann sich jede:r von uns, ohne exklusives oder allgemeines Modell, eine Klitoris auf den Solarplexus pflanzen.[9]

Und dennoch…

*

Ich sage »dennoch«, weil sich vielleicht nicht wirklich etwas verändert hat. Zum einen sind Geschlechtsverstümmelungen weiterhin an der Tagesordnung, wird Millionen Frauen fortgesetzt ihre Lust verweigert, steht die Klitoris sowohl körperlich wie psychisch noch immer für eine negierte, eine ausradierte Lust. Zum anderen geht das Verhindern einer Streichung vielleicht stets mit einer Streichung andere Art einher. Eine Realität anzuerkennen, heißt das nicht auch, sie auf eine andere Weise zu verkennen? Ist Aufklären nicht immer auch Gewalt? Liebkosung mit der einen, Ausradierung mit der anderen Hand.

*

Man kann die Geschichte der Klitoris natürlich in einer geraden Linie lesen, als die Bewegung eines Fortschritts, der von ihrer Auslöschung zu ihrer Sichtbarmachung führt, von ihrer Streichung hin zu ihrer Existenz. In manchen Ländern, zumindest in manchen Milieus, gesteht man ihr heute eine gewisse Existenzberechtigung zu. Und doch klafft in jeder Phase und jeder Phrase dieses »Fortschritts« ein Abgrund. Denn in Wirklichkeit genügt es nicht, die Existenz der Klitoris einzufordern, indem man die Anatomie verfeinert, ihre Bedeutung unterstreicht, sich für ihre Anerkennung einsetzt, damit sie nicht länger ausgeblendet wird. All meine Lektüren und Forschungen legen mir vielmehr den Schluss nahe, dass – im übertragenen wie vielleicht auch im buchstäblichen Sinn – an die Klitoris zu rühren bedeutet, die Erfahrung eines Unterschieds, eines *Abstands* zu machen. Die Klitoris existiert nicht anders als in diesem Abstand, was weder ihre Autonomie noch ihre orgiastische Kraft beeinträchtigt, es aber paradoxerweise schwieriger macht, in ihr ein vollendetes, vereinheitlichtes, auf sich selbst versammeltes Ganzes zu sehen.

Der Abstand zwischen Klitoris und Vagina ist Gegenstand unzähliger Analysen und Psychoanalysen, genauso wie der Abstand von Klitoris und Penis, Klitoris und Phallus. Indem man Erstere im Gegensatz zum Penis zurückweist, gehorcht man dem Gesetz des Letzteren. Abstand, Unterschied von

Biologischem und Symbolischem, von Fleisch und Sinn. Abstand schließlich zwischen den »Subjekten« des Feminismus und den Feminismen selbst. Abstand zwischen den Körpern. Abstand zwischen der anatomischen Bestimmung des Geschlechts und dessen sozialer Plastizität. Abstand zwischen von Geburt Vorgegebenem und chirurgischem Eingriff. Abstand zwischen der geltend gemachten Existenz der »Frau« und der Zurückweisung einer solchen Kategorie. Abstand zwischen einem »Wir Frauen«, einer Vielheit an Erfahrungen, die sich einer Vereinheitlichung und Verallgemeinerung widersetzen, und einem gemeinsamen »Wir« der »Frauen«.

Abstand heißt nicht nur Differenz – Differenz zwischen Gleichem und Anderem oder Differenz an sich. Differenz – die sexuelle Differenz eingeschlossen – ist kein Einzelfall des Abstands. Der Abstand bricht die paradoxe Identität der Differenz auf, enthüllt eine Vielheit, die sich in ihm verbirgt. Man mag es erstaunlich finden, dass mit der Klitoris *ein* Organ, *ein* Körper- oder Geschlechtsteil einer *Vielheit* an Differenzen zu ihrem Recht verhelfen soll. Warum gerade die Klitoris und nicht andere, nicht unbedingt genitale Körperzonen?

Weil sie ein stummes Symbol ist.

Zum einen kann man die Philosophen, die von ihr zu sprechen gewagt haben, an einer Hand abzählen, während man in der Philosophie eine Vielzahl an Bezügen auf andere weibliche Körperteile finden kann. Brüste, Vagina, Nymphen. Die Phallokratie der philosophischen Sprache ist kein Geheimnis mehr.

Jacques Derrida war der Erste, der sie mit Hilfe seiner Wortschöpfungen »Phallozentrismus« oder »Phallogozentrismus« einer Dekonstruktion unterzogen und ihre wesentlichen Merkmale in Frage gestellt hat: Privilegierung alles Aufgerichteten, Erektiven (gemäß dem architektonischen Modell alles aufrecht Stehenden), der Sichtbarkeit und Symbolhaftigkeit des Phallus, während die Frau zugleich auf ein Matrix-Material, auf das Muttersein, auf etwas Vaginal-Uterales reduziert wurde.[10] Von der Lust der Frau ist in der Philosophie nirgendwo die Rede.

Außer in Bezug auf die »monströse« Klitoris des Hermaphroditen,[11] widmet Michel Foucault in *Der Wille zum Wissen* ihr nicht eine Zeile. Und auch in *Der Gebrauch der Lüste* kommt ihr keinerlei Rolle zu – als ob es schwierig gewesen wäre, die »repressive Hypothese« grundlegend in Frage zu stellen…[12]

Der abendländische philosophische Diskurs ist also seit seinen Anfängen um einen Phallogozentrismus herum organisiert, der ihn bis heute dominiert.

Trotz allem bestand eine der wissenschaftlichen und ethischen Aufgaben der Philosophie stets darin, Licht in jene Bereiche der Wirklichkeit zu bringen, die aus dem einen oder anderen Grund verborgen gehalten oder unterdrückt wurden. Von der Klitoris in der Philosophie zu sprechen bedeutet daher, sie erscheinen zu lassen. Aber wie ist das möglich, ohne sie erneut zum Schweigen zu bringen? Wie lässt sie sich denken, wo die philosophische Sprache doch eine logische Exzision ist?

Schließlich wurden jene Philosophinnen, die versucht haben, diesen Widerspruch aufzulösen und die Klitoris ins Denken einzuführen, von den Feministinnen der dritten und vierten Welle kritisiert und mitunter lächerlich gemacht. In *Das andere Geschlecht,* das von vielen zu Recht als ein philosophisches Buch angesehen wird, wagte Simone de Beauvoir es, Klitoris und Begriff einander gegenüberzustellen. Sie sprach offen über die »beiden Geschlechtsorgane« der Frau und von der Einzigartigkeit einer Lust, die nicht notwendig an die Fortpflanzung gebunden ist. Ihr Vorgehen wurde als essentialistisch, zu sehr im Dienste der Erforschung einer mutmaßlichen weiblichen Identität verurteilt.

Andere seither formulierte Theorien situieren sich jenseits der Geschlechterdifferenz und kritisieren die Festlegung auf eine natürliche und binäre Geschlechtlichkeit. Sie legen weitere Abstände offen, etwa die zwischen Philosophie und Politik, Herrschafts- und Minderheitensprachen, zwischen Eurozentrismen und Ansätzen des Dekolonialismus. Die Klitoris hat sich so von ihrem einfachen Status als »Geschlechtsorgan« und als etwas, das nur der Frau angehört, gelöst. Was ist die Klitoris für ein nicht-binäres, sich weder als weiblich noch männlich identifizierendes Subjekt? Ist es nicht Zeit, sich vom »Fetisch der Organe, von der Anatomie, von einer Fixierung auf die Physiologie zu verabschieden«, fragt zu Recht Delphine Gardey mit Bezug auf Judith Butlers Infragestellung einer Auffassung von Körper und Erotik, wie sie bei einer Produktion des Körpers »mittels seiner Teile« ins Spiel kommt.[13]

Kann es denn als gesichert gelten, dass die aktuellen und sicherlich notwendigen Entwicklungen auf dem Gebiet der Sexualität, der Geschlechter, der Körper, diese nicht wieder auf ihre Weise negieren? Warum sollte man das gerade erst gefundene, in gewisser Weise neue Bild der Klitoris zurückweisen? Warum sollte man die Schriften Simone de Beauvoirs oder Luce Irigarays, wie auch jene der radikalen italienischen Feministinnen wie Carla Lonzi oder Silvia Federici als veraltet ansehen? Warum nicht denen zuhören, die als Erste den Mut hatten, der Klitoris zu einer Sprache zu verhelfen?

Meine Position ist die einer radikalen Feministin, doch bin ich weit entfernt von den sogenannten *terfs* (trans-exclusionary radical feminists), die der Ansicht sind, dass die Kämpfe der Transsexuellen jene für die Frauenrechte übertönen und schwächen.[14] Andererseits fühle ich mich auch ziemlich weit entfernt von jenen, für die die sexuelle Binarität in Stein gemeißelt ist, die gleichgeschlechtliche Elternschaft als eine Folge der angeblichen Exzesse der Gendertheorie verurteilen und damit weiterhin Konzessionen an die Phallokratie machen. Aber ich bin auch dagegen, die sehr frühen Feministinnen *avant la lettre* zum alten Eisen zu zählen, waren sie es doch, die den radikalen Feminismus erst ermöglicht haben.

Die Klitoris trägt auch heute noch die Spuren einer Wunde, an der sich bis vor kurzem die Wörter wie Wellen brachen und, kaum waren sie aufgetaucht, auch schon wieder zurückzogen. Das heißt indes nicht, dass sie der Ort eines Mangels, des Signifikanten, des Buchstabens oder des Objekts klein a, b, c oder z wäre. Nein. Es ist viel simpler und zugleich komplizierter. Selbst wenn sie nicht unbedingt nur der Frau angehört, so bleibt sie doch der unergründliche Ort des Weiblichen, was bedeutet, dass sie ihren eigentlichen Ort noch nicht gefunden hat.

Ich werde versuchen, diesen Ort mit einer Reihe von Pinselstrichen zu skizzieren, die gemäß einer Gleichzeitigkeit von Enthüllung und Verbergung, in jeweils klarem Abstand zueinander, ohne hierarchische Ordnung und vorurteilslos aus diversen Diskursen entnommen sind. Man kann sie der Reihe nach lesen – sie halten sich an eine Chronologie des Feminismus – oder in beliebiger Reihenfolge. Sie bilden jedenfalls eine Schleife.

Mir geht es nicht darum, etwas zu beweisen, vielmehr möchte ich einer Vielzahl von Stimmen Gehör verschaffen, um durch sie einen gewissen Ausgleich zwischen der enormen Schwierigkeit und einer ebensolchen Dringlichkeit zu finden, der heute jede Rede über das Weibliche untersteht.

Meine Striche sind selbst kleine Klitorides der Schrift. Sie zeichnen in nicht figurativer Weise die Stellung eines noch immer mit *Skrupeln* behafteten Organs der Lust, das nie zu einem Organ des Denkens wurde.

2.

Halbgöttinnen

Nymphen 1

> »Die beiden kleinen Schamlippen, [...] die in der oberen Hälfte der Vulva von den großen Schamlippen umschlossen sind, werden Nymphen genannt, denn man weist ihnen die Funktion der Lenkung des Urinstrahls zu.«
> Georges Cuvier, *Leçons d'anatomie comparée*[15]

Die Nymphen haben eine doppelte Bedeutungsherkunft. Mythologische Göttinnen einerseits, kleine Schamlippen, oft irrtümlich mit der Klitoris verwechselt, andererseits. Was verbirgt sich hinter diesem Durcheinander?

Wer sind die Nymphen? »Bei Homer sind die Nymphen Göttinnen (θεαί), aber niederen Ranges, als die olympischen, Töchter des Zeus, auf Erden wohnend in Hainen, auf Gipfeln der Berge, an Quellen der Ströme, in Wiesengründen und Grotten. Sie stehen dem Wilde vor, begleiten die Artemis, führen Reihentänze auf, weben in ihren Grotten purpurne Gewänder auf steinernen Webstühlen, pflanzen Bäume, walten freundlich über dem Geschicke der Menschen. Daher wird ihnen auch geopfert, theils ihnen allein, theils mit Hermes zusammen.«[16] Das am meisten verbreitete

Bild der Nymphe ist jenes des grazilen jungen Mädchens, einer gottähnlichen, lebendigen Naturkraft.

Einerseits werden die Nymphen zumeist als scheue Kreaturen von Satyrn gejagt, andererseits werden sie als weibliche Satyrn dargestellt, als für ihre unzähligen erotischen Abenteuer berühmte Mänaden. Daher stammt auch der spätere Ausdruck »Nymphomanie«.

Da man infolge einer anatomischen Ungenauigkeit als Nymphe bezeichnete, was in Wirklichkeit der Klitoris entspricht, wurde die Nymphomanin zum Ausdruck für eine Frau mit »brennender« Klitoris.

Neben die sittsamen oder schamlosen Nymphen des Mythos und die Nymphen der Anatomie gesellt sich mit Nabokovs Lolita die von ihm erfundene »Nymphette«.

»Zwischen den Altersgrenzen von neun und vierzehn Jahren gibt es Mädchen, die gewissen behexten, doppelt oder vielmal so alten Wanderern ihre wahre Natur enthüllen; sie ist nicht menschlich, sondern nymphisch (das heißt dämonisch); und ich schlage vor, diese auserwählten Geschöpfe als ›Nymphetten‹ zu bezeichnen.«[17]

Als unreifes Geschöpf erinnert die Nymphette, die zeitgenössische Figur der mythologischen Nymphe, an das in der Metamorphose zwischen Larve und ausgewachsenem Insekt zu durchlaufende Nymphenstadium. Das Mädchen mit dem irritierend betörenden Charme weckt das Begehren mit dem gleichnamigen Etwas, das verborgen, bedrohlich, anziehend zwischen seinen Schamlippen liegt und dessen Namen man verschweigt.

Es ist ein all die Nymphen, Nymphetten und Nymphomaninnen verbindender Zug, dass man ihnen nachsagt, sie würden niemals Lust empfinden. Diese verbleibt in ihrer Puppe gefangen.

Eben weil sie keine Lust empfindet, stellt die Nymphe das erotische Phantasma *par excellence* dar: Die ideale Frau hat keine Klitoris.

Der folgende kleine Umweg soll der Analyse dieses Negierens dienen.

3.

Bilder ohne Sex

Boccaccio, Warburg, Agamben

Nymphen 2

In seinem Text mit dem Titel *Nymphae*[18] zeigt Giorgio Agamben das eigentliche Wesen der Nymphe auf: Sie ist Bild.

Das kleine Buch unternimmt eine faszinierende Reise entgegen der Chronologie, indem es mit Bill Viola beginnt und über Boccaccio bei Warburg anlangt. Woher rührt, fragt Agamben, die Zäsur zwischen dem Bild der Frau (Muse, Nymphe) und der Frau in der Wirklichkeit? War sie bereits in der mittelalterlichen Dichtung das zentrale Motiv, so beherrscht diese Zäsur noch heute das westliche Imaginäre, die auch der zeitgenössischen Kunst keine Ruhe lässt.

»Die Nymphe zur exemplarischen Gestalt des Liebesobjekts gemacht zu haben«, eben weil sie Bild ist, »ist Boccaccios Werk.«[19] Die Geliebte, die der Liebhaber als Porträt in einem Schmuckstück oder Beutel, in einem Gedicht oder Wappen versteckt, überallhin mit sich nimmt, ist gerade deshalb begehrenswert, weil sie keinen Körper mehr hat. So kann der Liebhaber sie verinnerlichen, sie gedanklich aufbewahren. Die Nymphe ist die zur Idee gewordene Frau. Für Boccaccio ist die florentinische Nymphe die Quintessenz dieser Idee.

Der Nymphe eignet auf diese Weise eine grundlegende Ambiguität: Das Phantasma der Frau ist zugleich eins und uneins mit der Frau selbst. Als sich entwickelndes Insekt befindet sie sich zwischen Larve und prallem Leben. »Wenn jene poetische Dimension ›nymphisch‹ ist, in der die Bilder [...] mit den realen Frauen zusammenfallen, dann ist die Florentiner Nymphe immer schon im Begriff, sich in ihre entgegengesetzten Pole zu teilen, zugleich zu lebendig und zu leblos zu sein, ohne dass es dem Dichter noch gelänge, ihr ein einheitliches Leben zu verleihen.«[20] Die Bild-Nymphe ist in ihrer Ambivalenz »der erhabene Bruch zwischen sinnlicher Welt und Denken«, die Geburtsstätte der Literatur. Sie ist so etwas wie die Aura der Wirklichkeit, ihre phantasmatische, niemals vollendete Dimension. Bild und lebender Körper können nicht eins werden. Ein solches Bild hat in der Tat kein Geschlecht.

Paracelsus »verzeichnet die Nymphe als einen Eintrag in die bombastische Lehre von den Elementargeistern (oder den ›Geistmenschen‹), deren jeder einem der vier Elemente zugeordnet ist: die Nymphe (oder Undine) dem Wasser, die Sylphen der Luft, die Pygmäen (oder Gnome) der Erde und die Salamander dem Feuer«.[21] Solche Kreaturen gleichen den menschlichen Geschöpfen aufs Haar, sie sind sich körperlich ähnlich, der fundamentale Unterschied aber besteht darin, dass sie »überhaupt keine Seele« haben. Wie die Larven sind sie noch ohne Leben. Nur »in der Begegnung mit einem lebenden Individuum können sie [...] ihr Leben wiedergewinnen«.[22] Auf diese Weise können sie die Liebesbeziehung vollziehen, um aus dem Bild heraus zum Leben zu erwachen.

Doch dieser Vollzug bleibt auf immer unmöglich. Wie mit einem Bild schlafen? Die Nymphen »sind Frauen«, schreibt Boccaccio, sie »haben auf den ersten Blick Ähnlichkeit mit ihnen«.[23] Sie ähneln jenen, aber es fehlt ihnen etwas… Boccaccio nimmt ein neues Bild zu Hilfe. »Sicherlich, all diese Dinge sind weiblich, aber sie pissen nicht«.[24]

Der Nymphe als Muse, der es einer Seele und eines wirklichen Körpers ermangelt, mangelt es auch an – ja was? Die lückenhafte Anatomie der damaligen Zeit erlaubte nicht wirklich eine Unterscheidung von Klitoris, Schamlippen, Vagina und Gebärmutter. Boccaccio reduziert die Vulva auf das Urinieren. Nymphen sind Frauen, »die nicht pissen«.[25] Agamben findet, dass Boccaccio sich mit dieser Ausdrucksweise eines rohen Realismus bedient.

Realismus? Wirklich? Wenn es stimmt, dass die Nymphen nur in sexueller Vereinigung mit einem Mann wieder zum Leben erweckt werden, bringt der Akt sie dann zum Urinieren? Diese Verwechslung von Pissen und Orgasmus soll Realismus sein? Genau das soll der Satz »die Nymphen pissen nicht« ja bedeuten. Erst wenn der Mann sich ihnen nähert, haben sie ein Geschlecht. Dieses Geschlecht gemäß der männlichen Vorstellung verdankt sich einer der Phantasie entstammenden Anatomie.

Es wird von daher nicht erstaunen, dass Boccaccio eine »unerbittliche Kritik an den Frauen« entwickelt und ihnen die Nymphen vorzieht, die, weil sie keine Körpersäfte haben, weniger bedrohlich sind.

Wie steht es darum einige Jahrhunderte später? Wie steht es etwa mit Agamben? Sind Klitoris und Vulva wieder da, wo sie hingehören? Ist die wirkliche Frau wieder in ihre Rechte gesetzt worden?

Der Philosoph erwähnt die Anatomie der Nymphen nur ein einziges Mal, und zwar in einem kleinen Einschub, der verstohlen die Nyphomanie erwähnt. Agamben schreibt: »Hier bezieht sich Paracelsus auf eine andere, ältere Überlieferung, in der die Nymphe unauflöslich mit dem Reich der Venus und der leidenschaftlichen Liebe verbunden ist (und der nicht nur der psychiatrische Begriff ›Nymphomanie‹ seine Entstehung verdankt, sondern womöglich auch der anatomische der Nymphae, mit dem man die kleinen Schamlippen der Scheide bezeichnet).«[26]

Die *nymphae* bezeichnen auch die Klitoris. Auch davon sagt Agamben nichts.

Die Nymphe verschmilzt so mit dem Fehlen der Klitoris, die weder jemals genannt noch auf ihre Realität, die exakte Morphologie des weiblichen Geschlechts bezogen wird. Der dem Paracelus so teure »Venushügel« birgt das Rätsel einer Ausblendung.

Aby Warburg lässt dieses Rätsel später fortleben. Nymphe ist der Name, den der große Historiker einer seiner »Pathosformeln« gibt. Die Pathosformeln bilden eine Sprache der Gesten. Warburg vereinigt die Archetypen in seinem *Bilderatlas Mnemosyne*, einem Werk, an dem er in den Jahren zwischen 1921 und 1929 unablässig arbeitet. Die »Nymphe« trägt im Atlas die Pathosformel Nr. 46. Diese Nummer entspricht einer Tafel, die »sechsundzwanzig Photographien umfasst, auf denen neben dem Fresko des Ghirlandaio in Santa Maria Novella ein langobardisches Relief aus dem 7. Jahrhundert abgebildet ist.«[27] Agamben fragt: »Wo ist die Nymphe? Welche dieser sechsundzwanzig Erscheinungen ist ihre Verkörperung? Eine Lektüre, die unter ihnen so etwas wie einen Archetyp oder ein Original ausmachen wollte, von dem sich die anderen ableiten ließen, hätte den Atlas gänzlich missverstanden.«[28]

Die Nymphe ist überall und nirgends, und ohne sich in ihnen zu erschöpfen, durchquert sie eine Vielfalt an Phänomenen, die man durchaus als imaginär oder imagohaft bezeichnen kann. Doch diese Überfülle offenbart nichts von diesem Brennen, das zwischen den Beinen schläft. Von ihrem Geschlecht spricht Warburg nicht. Die Nymphen der Nymphen werden nicht erwähnt. Kein Verweis auf die Nymphomanie. Nichts über das Begehren. Nichts über die Schamlippen, nichts über die Klitoris, die von ihnen umschlossen wird. Nichts über die Lust. Ein noch abstrakteres Bild als bei Boccaccio. Das Leben der Nymphen ist nichts als »Historie«. »Gewöhnlich schreiben wir nur biologischen Organismen Leben zu. Nymphisch dagegen ist ein rein historisches Leben«.[29] Hier endet Agambens Buch ohne jede Schlussfolgerung.

Hatten die Anatomen, als sie die Klitoris »Nymphe« genannt haben, eine präzise Vorstellung von dem, was sie da bezeichneten? War die Vulva für sie nicht das, was sie ganz sicher auch heute noch für viele Zeitgenossen ist – vor allem für die Philosophen –, der unbestimmte Ursprung der Lust, der Fortpflanzung, des Urinierens, all dies in einem? Das Leben ist wahrscheinlich nicht das alleinige Privileg biologischer Körper. Zum Beweis müsste man aufhören, ihnen das Leben nehmen.

4.

Nadja ohne Sein
Eine kurze Bemerkung über »die Frau als Objekt der Begierde«
Nymphen 3

Ich hätte den Text von Agamben ganz sicher nicht auf diese Weise gelesen, wenn nicht Simone de Beauvoir mit ihrer Analyse der »Frau als Objekt der Begierde« in *Das andere Geschlecht* meine Zweifel bezüglich der Nymphen der Schriftsteller und Dichter geweckt hätte. »Die Frau als Objekt der Begierde« findet sich im Kapitel »Mythos«, in dem Beauvoir die Mythologie an das Mysterium und das Mysterium an die Mystifikation bindet. Die Mythologie der Nymphe, das Mysterium des Frauenbildes sind Ausdrucksformen des männlichen Phantasmas der Skulptur. Die Nymphe ist jenes formbare Material, das der Mann nach seinem Willen bearbeitet. »Eine der Träumereien, denen der Mann gerne nachhängt, ist das Durchdringen der Dinge mit seinem Willen, das Modellieren ihrer Form, das Eindringen in ihre Substanz: die Frau ist schlechthin das ›weiche Wachs‹, das sich passiv kneten und formen läßt.«[30]

Das »Bild« der Frau, die Nymphe, ist das Resultat einer solchen Modellierung. Die Muse ist nichts anderes als das. »Die

Musen sind Frauen«,[31] schreibt Beauvoir, und sie sind zudem die besseren Frauen, weil sie weder pissen noch Orgasmen haben, was in Wirklichkeit heißt, dass sie keine Autonomie besitzen. »Die Muse schafft nichts aus sich selbst heraus«.[32]

Die Musen entstammen den Lesarten der in ihre Nymphen verliebten Dichter. Besonders hellhörig wurde ich im Fall André Breton. Ganz der Schönheit von *Nadja* ergeben, hatte ich nie bemerkt, wie sehr Breton der nymphischen Tradition treu blieb. Für ihn steht Nadja der mythologischen Nymphe ganz nah: »Vom ersten bis zum letzten Tag habe ich Nadja für einen freien Geist gehalten, für einen jener Luftgeister, die man durch gewisse magische Praktiken an sich binden kann«,[33] schreibt er. Und dennoch: Wie Beauvoir sehr richtig bemerkt, »öffnet sie die Pforten zur übernatürlichen Welt, ist aber unfähig, diese weiterzugeben«.[34] Bestenfalls ist sie »ein Orakel, das man befragt«.[35] Die »ihrer menschlichen Grundlage beraubte Frau«, die Kindfrau, wird zur Dichterin nur dank der Dichter.

Wir folgen allen Umrissen und Tauchgängen Undines, bis sie in den Wellen der Schrift nach und nach, und in eben dem Maße, wie ihr Pygmalion sie mit vollem Genuss erschafft, einen Körper annimmt. Ihr selbst aber wird die Lust verweigert. Kein Wort darüber. An der Schwelle ihres Empfindens macht die Dichtung halt. Die Nymphe, die Muße, »ist Alles, außer sie selbst«.[36] Auch wenn sie keinem anderen Anruf folgt als der Liebe, wird nie danach gefragt, ob sie selbst verliebt ist oder zu diesem erotischen Spiel gezwungen wird. Ob sie es genießt, sich in Worten und Bildern geliebt zu sehen.

So bringt die nymphische Dichtung – auch die surrealistische – die Chrysalis, die sie so sehr zu lieben vorgibt, zum Schweigen.

Zwischen Januar 1928 und August 1932 widmen sich die Surrealisten einem sexuellen Bekenntnisspiel. Breton provoziert seine Freunde mit Fragen wie: »Inwieweit betrachtet Aragon die Erektion als unverzichtbar für den Geschlechtsakt?«, oder: »Weiß Marcel Noll, wo sich die Klitoris befindet?«[37] Selbstverständlich wusste Breton, wo sie zu finden ist, doch genauso wenig wie er sie diesem Spiel mit der Wahrheit unterzogen hat, hat er sie zur Sprache kommen lassen.

Die Nymphen der Philosophen und Dichter bleiben verbunden in der Finsternis eines solchen Schweigens.

5.

Politische Anatomie

Zurück zur Realität. Alle weiblichen Säugetiere haben eine Klitoris. Bei den Landwirbeltieren befindet sie sich nahe der Vagina. Sie wird daher bei der Penetration stimuliert. Die Paarung löst einen Orgasmus und gleichzeitig den Eisprung aus. »Die Verteilung der Mechanismen des Eisprungs bei den heute lebenden Säugetieren legt nahe, dass der durch die Paarung ausgelöste Eisprung das ursprüngliche Modell darstellt.«[38] Im Laufe der Evolution ist »infolge der Aufrichtung des Beckens die Klitoris zu einem sichtbaren, von vorne zugänglichen Organ geworden.«[39] Bei der Frau liegt die Klitoris also nicht mehr am Eingang zur Vagina. Sie hat sich von ihr entfernt. Der spontane, zyklische und ohne sexuellen Kontakt autonom ausgelöste, also nicht zu verhindernde Eisprung ist eine späte Erfindung der Evolution. Im Gegensatz zum männlichen Orgasmus hat der weibliche Orgasmus keine unmittelbare Funktion bei der Fortpflanzung. »Nachdem er eine vorherrschende Rolle für den Eisprung gespielt hat, dient der Orgasmus bei den Frauen nur noch der Lust.«[40]

Geht es beim Abstand von Klitoris und Vagina nur um ein anatomisches Faktum? Wenn dem so wäre, wüsste man dann nicht generell mehr über den Orgasmus, inklusive des Orgasmus bei den Tieren, der fast vollständig ignoriert wird? Die spezifische Fragestellung hinsichtlich des weiblichen Orgasmus belegt das in besonders empfindlicher Weise: Biologie und Politik werden ununterscheidbar. Tatsächlich verbirgt sich hinter den Debatten um den Abstand zwischen Klitoris und Vagina, Orgasmus und Fortpflanzung in Wirklichkeit das Problem der Autonomie weiblicher Lustempfindung. Gibt es also tatsächlich ein Wesen, das Lust empfinden kann, ohne Kinder zu bekommen? Es gibt also Lust *für nichts*? Mit welchem Recht darf dem einzigen Säugetier, das es beanspruchen kann, dieses Privileg gewährt werden? Das Konstatieren dieser Ausnahme bedeutet noch nicht, sie zu akzeptieren. Vielleicht musste die Autonomie der weiblichen Lust verteidigt werden, vielleicht muss sie für immer verteidigt, erstritten, konstruiert werden.

Einen Beweis dafür liefert der noch immer erbittert geführte Kampf um die wissenschaftliche Frage, ob die weibliche Lust unabhängig von der Fortpflanzung existiert. In einem Artikel mit dem vielsagenden Titel »Die Wahrheit über die Klitoris: warum sie nicht nur für die Lust geschaffen wurde« schreibt die britische Journalistin Zoe Williams: »Endlich liegt das Ergebnis vor: Eine in der Zeitschrift *Clinical Anatomy* publizierte Studie beweist, dass die Klitoris eine ziemlich wichtige Rolle bei der Fortpflanzung spielt, indem sie eine ganze Reihe zerebraler Vorgänge aktiviert: Steigerung des Pulses, erhöhte Sauerstoffkonzentration im Blut, höhere Temperatur der Vagina, gesteigerte Sekretion, Veränderung der Position des Gebärmutterhalses, der das Sperma paradoxerweise bremst, obwohl er seine Reichweite erhöht.«[41] Die evolutionäre Anpassungslogik kommt in dieser Sache also doch zu ihrem Recht. Noch immer ist jedes Mittel recht, die Lust der Frau auf ihre vorgebliche Funktionalität zurückzuführen.

Die theoretische Bevorzugung der Klitoris gegenüber anderen Bereichen der Vagina und der Vagina selbst, ihre metonymische Fetischisierung (pars pro toto, das Teil für das Ganze), erklärt sich durch den Umstand, dass sie in der Tat die Unabhängigkeit der Lust symbolisiert. Sie wird zum zentralen Element, das es erlaubt, eine weibliche Sexualität zu konstruieren, die Frau in ihrer Ganzheit als sexuelles Subjekt zu betrachten, ohne dass sie »mit dem Penis oder dem Gesetz verheiratet wäre…«[42] Die Lust auf den Zweck der Fortpflanzung zurückzuführen heißt, sie zu leugnen.

Zugleich kann die Anerkennung einer autonomen Klitoris zu einer Quelle von Angst und Streit werden. Was tun, hat sich so manche Frau gefragt, wenn da keine vaginale Lust ist? Wenn die Klitoris *allzu* unabhängig wird und die Frau während der Penetration keine Erregung mehr empfindet? Die Psychoanalytikerin Marie Bonaparte wollte sich von ihrer eigenen Frigidität befreien und schreckte dabei nicht vor dem Einsatz chirurgischer Mittel zurück. Sie befand, ihre Klitoris liege zu weit von ihrer Vagina entfernt, und so suchte sie 1927 den Wiener Professor Halban auf, der ihre Klitoris an eine andere Stelle versetzen sollte. Als sich noch immer keine Lust einstellte, entschied sie sich zwischen 1930 und 1931 für zwei weitere Eingriffe. Wieder ohne Ergebnis. Marie wurde dennoch nicht müde zu behaupten, der Abstand zwischen den beiden Organen sei bei der Frau generell zu groß, was sie in einem unter dem Pseudonym A. E. Narjani publizierten Aufsatz mit dem Titel »Betrachtungen über die anatomischen Ursachen der Frigidität bei der Frau« beweisen wollte. Die Studie stützt sich auf »200 zufällig ausgewählte Frauen aus der Pariser Bevölkerung«, bei denen man mit dem Zirkel Messungen an »dem kleinen Dreieck« vornahm, um den Abstand dieses Bereichs zur Vagina zu ermitteln«.[43] »Das Problem der Frigidität der Frau ist noch immer in große Dunkelheit gehüllt«, schreibt die Psychoanalytikerin, »und doch ertönen seit jeher und von überallher die Klagen der Frauen, die Liebe mit ihrer erhabenen Zartheit schenke keine Befriedigung.«[44]

Gestützt auf diese Erfahrungen wollte Marie Bonaparte nun auch Sigmund Freud, »den großen Beschneider«, davon überzeugen, dass es unmöglich sei, die klitorale Phase zu leugnen. Freud war in der Tat der Ansicht, die normale Sexualentwicklung der Frau verlaufe über die Aufgabe eines klitoralen Stadiums der Lust zugunsten eines vaginalen, das die Sexualität mit der Funktion der Fortpflanzung in Übereinstimmung bringt. Marie wagte es, darauf höchst widerwillig mit dem Argument zu antworten, ohne die Klitoris sei kein Orgasmus möglich, die Vagina allein müsse stumm bleiben. Warum also nicht das Wagnis eingehen und der unempfindlichen Vagina nunmehr auf künstliche Weise ein wenig vom Feuer der Klitoris geben, anstatt auf eine unwahrscheinliche Reifung zu warten? Freud schenkte ihr so gut wie kein Gehör. Die unnötigen chirurgischen Eingriffe hatten das Lustempfinden nur noch mehr getilgt.

Den Abstand zu verringern ist unmöglich.

6.

Die »sexuelle Existenz« nach Simone de Beauvoir

Mit *Das andere Geschlecht* betritt die Vulva die Bühne der Philosophie. Gerade erst hatte Sartre die Sexualität in den Rang einer Denkkategorie erhoben, in seinem 1943 publizierten *Das Sein und das Nichts* die bislang noch von niemandem erforschte Beziehung zwischen Sexualität und Existenz beleuchtet. »Die Existenzphilosophen [haben] nicht geglaubt, sich um die Sexualität kümmern zu müssen. Heidegger insbesondere deutet in seiner existenziellen Analyse nicht im mindesten auf sie hin, so daß sein ›Dasein‹ uns wie geschlechtslos vorkommt. Und zweifellos kann man wirklich der Meinung sein, daß es für die ›menschliche Realität‹ kontingent ist, ob sie sich als ›männliche‹ oder als ›weibliche‹ spezifiziert; zweifellos kann man sagen, daß das Problem der sexuellen Differenzierung nichts mit dem der Existenz zu tun hat, da der Mann ebenso wie die Frau ›existiert‹, weder mehr noch weniger.«[45]

Sartre hat dem Begehren zahlreiche Seiten gewidmet, man nehme nur den Abschnitt, wo er von der »Erektion des Penis und der Klitoris« spricht, oder wo er behauptet, die Sexualität sei weit davon entfernt, ein »kontingentes Ereignis« zu sein, vielmehr stelle sie die »notwendige Struktur des Für-Andere-für-sich-Seins« dar.[46]

Wenn Beauvoir die bemerkenswerte Fortschrittlichkeit dieser Analysen lobt, so legt sie doch ein bedeutendes Problem an ihnen offen: Wie lässt sich vermeiden, dass diese Begriffsbildung der Sexualität nicht wiederum zu einer Entkörperlichung führt? Ein Hinweis hierfür ist der Umstand, dass die Sexualität bei Sartre nur als eine Wiederauflage der Hegel'schen Dialektik von Herr und Knecht verstanden wird, ein Verdacht, den die Lektüre von Merleau-Ponty noch verstärkt. In seiner *Phänomenologie der Wahrnehmung* führt auch er die Sexualität ins Feld. In Bezug auf die Nacktheit beim Geschlechtsakt schreibt er: »Daß ich einen Leib habe, sagt also, daß ich als Gegenstand gesehen werden kann, daß der Andere mein Herr oder mein Sklave sein kann, so daß also Scham und Schamlosigkeit nichts anderes als die Dialektik der Vielheit der Bewußtsein ausdrücken [...].«[47]

Wie ist das zu verstehen? Während sie die Bedeutung der Sexualität bekräftigen, sehen die Existenzphilosophen in ihr dennoch ein Dilemma, das Dilemma von Freiheit und Begehren. »Der Mensch kann nicht mal frei mal Knecht sein: Entweder ist er ganz und gar frei oder er ist es nicht.«[48] Das Problem ist, dass das Begehren erneut eine Notwendigkeit in die absolute Freiheit der Existenz einführt. Das Begehren, das hatte Hegel gezeigt, ist notwendigerweise entfremdend. Stets will es die Aneignung des anderen, seine Verdinglichung, seinen Verzehr und damit auch seine Vernichtung. »Es genügt [...] nicht«, schreibt Sartre, »daß das Trübsein die Fleischwerdung des Anderen entstehen läßt: die Begierde ist Begierde, sich dieses fleischgewordene Bewußtsein anzueignen. Normalerweise wird sie also auch nicht durch Liebkosungen verlängert, sondern durch Akte des Nehmens und Eindringens.«[49]

Beauvoir ist sofort klar, dass, auch wenn mit dem anderen theoretisch beide Geschlechter gemeint sind, die Frau viel zu häufig der Knecht und nicht der Herr ist. Ein Knecht zudem, der Ekel und Schrecken erregt. »Die Obszönität des weiblichen Geschlechtsorgans ist die alles *Klaffenden*: es ist ein *Ruf nach Sein* wie übrigens alle Löcher; das Weib ruft in sich nach einem anderen Körper, der es durch Auflösung und Durchdringung zur Seinsfülle verwandeln soll. Und umgekehrt empfindet die Frau ihre eigene Seinsverfassung wie ein Rufen, eben weil sie ›durchlöchert‹ ist.«[50]

Beauvoir bezieht gegen derartige Äußerungen scharf Stellung; mit entschiedener Geste verschiebt sie die phänomenologisch-existenziellen Studien eines Sartre und Merleau-Ponty über die Sexualität in Richtung einer Philosophie der sexuellen Existenz, einer Philosophie gelebter Sexualität, die die Frage des begehrenden Körpers grundlegend auslotet. Beauvoir gibt die Phänomenologie – jene peinlich genaue Beschreibung von Wesen und Dingen nicht in der Weise, wie sie sind, sondern wie sie erscheinen – nicht auf, sondern transformiert sie. Man kann nicht verstehen, was Sexualität ist, wenn man nicht erkennt, dass sie auch ein Phänomen, eine Äußerung ist. Die Bildung des Geschlechts, die man heute Sexuierung nennt, ist nicht mit einem Male abgeschlossen, sie dauert das ganze Leben an und spielt sich in einer Reihe aufeinanderfolgender Vorstellungen des Körpers vor sich selbst und anderen ab. Es gibt nicht den sexuierten Körper, sondern vielmehr eine Verkörperung des Geschlechts.

Und diese verläuft für die beiden Geschlechter nicht in gleicher Weise, was aber keineswegs einen Kampf auf Leben und Tod impliziert. Beauvoir dekonstruiert die Zweiheit der Geschlechter sicherlich nicht, doch macht sie aus ihr ein Instrument des Widerstands – eines Widerstands gegen den Begriff eines, wenngleich noch immer allzu gleichförmigen, männlichen Anderen. Sie schreibt: »Wie bereits ausgeführt, denkt der Mensch sich immer, indem er das *Andere* denkt. Er begreift die Welt im Zeichen der Dualität, die zunächst aber keinen geschlechtlichen Charakter hat. Da die Frau aber vom Mann, der sich als das Selbst setzt, verschieden ist, wird sie natürlich in die Kategorie des Anderen eingeordnet. Das Andere umhüllt die Frau.«[51] Alle Anstrengungen Beauvoirs in *Das andere Geschlecht* gelten der Befreiung der Frau von der Last der Andersheit, die ihre Einzigartigkeit auslöscht.

Das Buch zeichnet die Entstehung der geschlechtlichen Verkörperung der Frau nach und bindet sie an die Morphologie ihrer Subjektivierung. Das berühmte »Man kommt nicht als Frau zur Welt, man wird es«[52] ist die Antwort auf das, was Sartre als ein geschichtsloses Faktum analysiert: Die weibliche Anatomie sei das Klaffende, Mangel, Unvollständigkeit. Nein, der Körper der Frau hat seine eigene Fülle, denn er erscheint sich selbst im Rhythmus des Wechsels seiner Gestalten. Das Geschlecht der Frau erhält seine Konturen in einer Reihe von Entwürfen und Spiegelungen: Entwurf des Kindes, des Mädchens, der reifen Frau, der alten Frau. Jugend, Reife, Alter sind nicht bloße Fakten, sondern Existenzweisen. Man »hat« nicht ein Alter, sondern man »ist« mehr oder weniger jung, und dieses »Sein« entspricht der Weise, in der der Körper zur Welt spricht und in der die Welt antwortet. »Durchlöchertsein« aber gehört keiner Welt an, *existiert* ganz einfach *nicht*. Genauso wenig ist die Lust von Grund auf tödlich oder entfremdend. Vielmehr ist sie der Widerschein, das Glänzen eines sich bildenden Körpers. Beauvoir hat getan, was unbedingt getan werden musste: Sie hat die Sexualität unmerklich in Richtung Erotik verschoben und dabei den Ort der großen Vergessenen erforscht: der Klitoris.

Eine solche existentielle Erotik verläuft notwendigerweise über eine Kritik an Freud. »Das Schicksal der Frau hat Freud nicht besonders beschäftigt«, schreibt Beauvoir. »Ganz offensichtlich hat er es mit einigen Abwandlungen nach dem Muster des männlichen Schicksals beschrieben.«[53] Dass er zudem verkündet hat: »Die Libido ist regelmäßig und gesetzmäßig männlicher Natur, ob sie nun beim Manne oder beim Weibe vorkomme«, bedeutet, dass er es ablehnt, »die weibliche Libido in ihrer Eigenheit zu setzen«.[54] Nach Freud ist die Frau – wie später für Sartre – ein verstümmelter Mann. Einmal mehr ist die Klitoris für beide bloß ein kleiner Penis. Gekürzt, beschnitten, kastriert.

Selbstverständlich schreibt Beauvoir gegen diese falschen Behauptungen an. Auch widerspricht sie den Bezeichnungen »vaginal« oder »klitoral«: Die »Kategorien ›klitoral‹ oder ›vaginal‹ sowie ›bürgerlich‹ oder ›proletarisch‹«, schreibt sie, »sind gleichermaßen außerstande, eine konkrete Frau zu erfassen.«[55] Trotz allem aber stolpert *Das andere Geschlecht* noch über den doppelgesichtigen Charakter der weiblichen Lust: »Eines der großen Probleme der weiblichen Erotik ist nämlich, daß die klitorale Lust lokal isoliert ist: erst gegen Auftreten der Pubertät entwickelt sich mit der Vaginalerotik im Körper der Frau eine Vielzahl erogener Zonen.«[56] Wenn die klitorale Lust nicht verschwinden muss, wenn sie eine unumgängliche, irreduzible Manifestation der Verkörperung ist, dann findet sie ihre wirkliche Entfaltung nur in ihrem Verhältnis zur Vagina, der sie schlussendlich die Vormachtstellung einräumen muss.

Das andere Geschlecht verdankt viel der 1947 erschienenen Publikation *Psychologie der Frau* von Helene Deutsch, einer aus Polen in die USA emigrierten Psychoanalytikerin und orthodoxen Freud-Anhängerin.[57] Beauvoir, die sich wiederholt auf ihr Werk bezieht,[58] teilt mit Deutsch die Auffassung, dass die Kompliziertheit der weiblichen Sexualität mit dem Verhältnis der beiden Organe zu tun hat. Für Beauvoir und Deutsch – wie auch für Freud – kann dieses Verhältnis nur eines sein, das eine Entwicklung durchläuft. Deutsch übernimmt die Idee des weiblichen Kastrationskomplexes infolge des »Fehlens eines Organs«. Aufgrund dieses Faktums akzeptiert das Mädchen, dass die gehemmte Aktivität sich zu einer Passivität entwickelt, und die Klitoris, die das aktive Organ ist, muss die paradoxe Dominanz des passiven Organs, der Vagina, hinnehmen. Von daher die Definition der »weiblichen Frau«: »Eine wahrhaft nicht frigide Frau ist eine, der die Festlegung auf die mütterliche Funktion der Vagina und gegen die Forderungen der Klitoris gelungen ist.«[59]

Die Defloration, bemerkt Beauvoir, erbringt nicht immer die erwartete Lust. »Damit wären wir beim Kernproblem der weiblichen Erotik«:[60] Der Anfang des erotischen Lebens ist zwingend klitoral, in Erwartung einer vaginalen Zukunft, der eigentlichen, durch die Penetration sich offenbarenden Lust. »Doch wie wir gesehen haben, ist die Defloration keine glückliche Erfüllung der jugendlichen Erotik. Sie ist im Gegenteil ein ungewöhnliches Phänomen. Die vaginale Lust entsteht nicht spontan. Nach den bei Stekel angeführten Statistiken – die von zahlreichen Sexualforschern und Psychoanalytikern bestätigt werden – haben kaum 4 Prozent aller Frauen schon beim ersten Koitus ein Lusterlebnis. 50 Prozent erreichen die vaginale Lust erst nach Wochen, Monaten oder Jahren. Psychische Faktoren spielen hier eine wesentliche Rolle.«[61] Und: »Die Haltung des Mannes ist also außerordentlich wichtig.«[62] Wenn er zu gewalttätig oder zu brutal in seiner Lust ist, findet der vaginale Orgasmus nicht statt: »Groll ist die häufigste Quelle der weiblichen Frigidität.«[63] Man versteht, dass, wenn alles gut läuft, wenn der Mann sich geduldig und verständnisvoll zeigt, die Machtübergabe zwischen den beiden Organen irgendwie vonstatten gehen kann…

Es wäre nicht gerecht, die Analysen Beauvoirs jenen von Deutsch gleichzusetzen. Beauvoir begreift das Verhältnis zwischen Klitoris und Vagina als eine politische Beziehung, als Ausdruck einer Ungleichheit zwischen einem Subjekt, das zwei Organe besitzt, und einem Subjekt, das nur eines hat. In patriarchalen Gesellschaften ist es ein Privileg, nur eines zu haben. Deshalb sieht sich die Frau gedrängt, eines aufzugeben. Die Kritik an dieser Situation ist unmissverständlich. Und doch gibt es bei der Autorin von *Das andere Geschlecht* eine Diskrepanz zwischen ihrer Fortschrittlichkeit und ihren Äußerungen zur weiblichen Anatomie. Obwohl durch das kritische Nachdenken eigentlich überwunden, spielen Klitoris und Vagina weiterhin ihre traditionellen Rollen.

Wie lässt sich die Aufteilung zwischen klitoraler Aktivität und vaginaler Passivität, zwischen Lust und Fortpflanzung aufheben? Wie verteilt sich das Verhältnis von Befehl und Gehorsam zwischen Denken und Sexualität?

Hat Beauvoir nicht das Verhältnis von Herr und Knecht erneut in die weibliche Intimität eingeführt, das sie doch gerade hatte ausschließen wollen?

Philosophie und Psychoanalyse sind gleichermaßen ein Hindernis wie eine Ressource. Es gibt keinen Feminismus, der sich seinen Weg nicht mit und zugleich gegen sie hat bahnen müssen oder dem dies nicht noch bevorstünde. *Das andere Geschlecht* zeugt mit unvergleichbarer Intelligenz von der Härte einer solchen Prüfung.

7.

Dolto, Lacan und der »Bericht«

»Es ist von größter Wichtigkeit, daß das Mädchen seine klitorischen Masturbationsphantasien aufgibt [...] Die günstige Lösung ist die vaginale Besetzung.«
Françoise Dolto[64]

Wo stehen die Psychoanalytikerinnen heute? Kann man heute noch ermessen, welche Schwierigkeiten für sie damit verbunden waren, im letzten Jahrhundert, also kurz vor der großartigen sexuellen Revolution, öffentlich über weibliche Sexualität zu sprechen? Ich stelle mir Françoise Dolto im Jahr 1960 vor, schon älter, zitternd vor Anspannung, wie Lacan sie mit der Aufgabe betraut, anlässlich eines Kongresses in Amsterdam einen Bericht zu präsentieren, dem sie den Titel *Weibliche Sexualität. Die genitale Libido und ihr weibliches Schicksal*[65] geben wird. Titel wie Untertitel seien ihr, so erklärt sie später, aufgedrängt worden.

Der Vortrag zieht sich in die Länge, sie spricht mit gedämpfter Stimme. Dolto ist überhaupt nicht sie selbst. Sie laviert, sie dreht und windet sich. Sie geht wie auf einem Minenfeld. »Ich hatte den Auftrag, über dieses Thema zu referieren [...]. Man war in Frankreich noch nicht bereit, zu diesem Thema einem Bericht, der von einer Frau stammte, Gehör zu schenken.«[66]

Der Kongress war von langer Hand vorbereitet worden, Lagache und Lacan hatten über zwei Jahre daran gearbeitet. Der Text zu diesen Vorbereitungen »Leitsätze für einen Kongress über weibliche Sexualität« findet sich später in den *Schriften* publiziert.[67] Doltos Bericht folgt diesen Leitsätzen in groben Zügen.

Während der zentralen psychoanalytischen Debatten ab Beginn der 1920er Jahre hatte die Frage der weiblichen Sexualität immer wieder nur in Sackgassen geführt. Hat man je aus ihnen herausgefunden? Die Französische Gesellschaft für Psychoanalyse war nach internen Grabenkämpfen zerrissen, und so oblag es Dolto, sich einen Weg durch die bereits verfestigten Theorieblöcke hindurch zu bahnen.

Man kann mindestens vier solche Blöcke ausmachen, und ausnahmslos alle haben sich um dieses gegensätzliche Paar, um die beiden Komplizinnen Vagina und Klitoris herum kristallisiert und verfestigt. Seit Freud bildet die mysteriöse Beziehung der beiden Organe für die Psychoanalyse einen, wie er es nannte, »dunklen Kontinent«, der zwar ausgiebig erforscht wurde, aber noch immer gänzlich rätselhaft erschien.

Den ersten Block bildet Freuds sexueller Monismus, das grundlegend männliche Wesen der Libido, die Unkenntnis des Mädchens, das nicht um seine Vagina weiß, die Klitoris als niedere Entsprechung zum Penis, die Konstruktion der Sexualtheorie entlang des Phallus. Im Umfeld von Freud bildet sich sodann ein zweiter Block heraus, als seine Wiener Schülerinnen, namentlich Helene Deutsch, Jeanne Lampl de Groot, Ruth Mack Brunswick, Marie Bonaparte und Anna Freud, die von ihnen geteilten Thesen Freuds an ihre eigenen Vorstellungen anpassen. Ein dritter Block versammelt dissidente Schülerinnen wie Karen Horney, Melanie Klein und Josine Müller, die sich in London um Ernest Jones herum gruppieren. Gestützt auf klinische Studien widersprechen sie Freud in der Frage des »Penisneids«. Ihnen zufolge ist dieser Neid sekundär und hat den Charakter einer Abwehr. Das Empfinden der Vagina koexistiert mit jenem der Klitoris. Es existiert bereits sehr früh beim kleinen Mädchen und lässt sich nicht auf die Passivität in Erwartung des Mannes reduzieren.

Schließlich der vierte, enorm große Block »Lacan«. Die Ausführungen des *Séminaire XIX ... ou pire*[68] beleuchten im Nachhinein den Rahmen, in dem Dolto sich mit ihrem Vortrag situieren musste: die Verachtung gegenüber dem Weiblichen im Allgemeinen und gegenüber Beauvoir im Besonderen. Eine Verachtung, aus der Lacan nie einen Hehl gemacht hat und auf die er tatsächlich auch noch stolz war.

Er ruft in diesem Seminar den versäumten Austausch mit Beauvoir in Erinnerung: »Eine erfolgreiche Autorin hatte, bevor sie dieses Machwerk namens *Le Deuxième Sexe* herausbrachte, es für nötig befunden – ich weiß auch nicht, was sie dazu bewog, denn eigentlich hatte ich ja noch gar nicht zu unterrichten begonnen –, mir die Sache vorzulegen. Sie rief mich an und teilte mir mit, dass sie bestimmt meinen Rat brauchen würde, um Klarheit darüber zu bekommen, was der psychoanalytische Einfluss auf ihr Werk sein solle.«[69]

Diesen »Rat« wird Lacan nie geben. Er fährt fort: »Als ich sie darauf hinwies [...], dass wohl mindestens fünf oder sechs Monate nötig seien, um ihr die Frage auseinanderzusetzen, ließ sie mich wissen, dass es bei einem Buch, dass längst in Arbeit war, natürlich nicht in Frage komme, so lange zu warten; wobei die Gesetze der literarischen Produktion so waren, dass sie es für ausgeschlossen hielt, mehr als drei oder vier Gespräche mit mir zu führen. Woraufhin ich diese Ehre zurückwies.«[70]

Aus Zeitmangel allein erklärt sich diese Ablehnung nicht, Lacan war mit der im Titel von Beauvoirs Buch zum Ausdruck gebrachten These nicht einverstanden.

Was ist dazu zu sagen? Für Lacan ist die Sexualität kein Austausch, keine Beziehung, kein Verhältnis zwischen zwei Menschen, sondern eine Funktion, die ganz und gar der Gesetzlichkeit der Sprache unterliegt. In seinem Seminar führt er erneut die provokante Formel an: »Es gibt kein sexuelles Verhältnis«.[71]. Das Wort »Verhältnis« ist hier vielleicht noch bedeutsamer als das Wort »sexuell«. »Es gibt kein sexuelles Verhältnis« meint unter anderem zweierlei: Zum einen, dass Frau und Mann nicht füreinander bestimmt sind, dass sie nicht, wie die Tiere, instinktiv, also durch den Sexualtrieb, aufeinander bezogen sind. Männlich oder weiblich zu sein gehört also nicht der Ordnung der Natur an. Anders als bei menschlichen Jungen und Mädchen sind sich »die Männchen und Weibchen der Löwenkinder in ihrem Verhalten völlig ähnlich.« Und indem er sich an seine Zuhörer richtet, fügt Lacan hinzu: »Sie jedoch nicht, und zwar deshalb nicht, weil Sie sich eben als Signifikant sexuieren.«[72] Der Unterschied zwischen Tier und Mensch besteht darin, dass Letzterer über das Sexuelle spricht, schreibt, nachdenkt, sich davon erzählen und davon phantasieren muss. Der Liebesdiskurs ist eine grundlegende Modalität der erotischen Erfahrung. »Das sexuelle Verhältnis muss durch einen Diskurs gebildet werden.«[73] Schließlich löscht der Diskurs aus zwei offenbar entgegengesetzten Gründen eben diesen beziehungshaften Aspekt des Sexualakts. Der eine Grund ist, dass dieser Diskurs für Männer wie Frauen gleich notwendig ist. Die sexuelle Differenz löst sich im Diskurs auf. Der andere ist, dass Frauen und Männer, obschon sie dem gleichen Diskurs unterworfen sind, sich in ihrem Diskurs nicht verstehen. Also gibt es zwischen ihnen kein »Verhältnis«.

Damit kommt das Argument Beauvoirs zu Fall. »Von dem Moment an, da die Sprache ihre Funktion antritt, gibt es kein zweites Geschlecht. Oder, um es anders auszudrücken, ist hinsichtlich der sogenannten Heterosexualität der *heteros* – griechisch für anders – in der Position, sich um des sexuellen Verhältnisses willen als Sein zu entleeren. Eben diese Leere ist es, die dem Sprechen das anbietet, was ich den Ort des Anderen nenne, den Ort also, an dem sich die Wirkungen besagten Sprechens einschreiben.«[74]

Mit diesen schwierigen Formulierungen behauptet Lacan, dass jedes der beiden Geschlechter seinen eigenen Diskurs konstruiert, indem es sich an ein Anderes richtet, das nicht der andere ist, mit dem man in Wirklichkeit Liebe macht, sondern ein ganz Anderes, über das man nichts weiß – das eigentliche Objekt der Begierde –, etwas Anderes, zu dem man spricht, und das nie der körperlich anwesenden Person entspricht und ihr auch nie entsprechen wird.

Lacan schlägt das andere Geschlecht somit jener verallgemeinernden Kategorie des Anderen zu, der Beauvoir es gerade hat entreißen wollen. Das heißt nicht, dass die Kategorien von Frau und Mann überhaupt nichts mehr zu bedeuten hätten, sondern dass sie die jeweils unvereinbaren Weisen bezeichnen, sich auf die gleiche Sprache zu beziehen, den gleichen absoluten Signifikanten zu begehren. Dieser Signifikant ist der »Phallus«. Natürlich ist der Phallus nicht der Penis, denn die Sexualität, wie wir gerade erfahren haben, reicht unendlich über das Genitale hinaus. Trotz allem kann der Phallus, der – äußerste – Meistersignifikant des Begehrens, für den Mann wie für die Frau, nur eine Erektion, eine stehende Ikone sein. »Wesentlich ist hier das aufgerichtete Bild des Phallus. Es gibt nur dieses eine. Es gibt keine Alternative als männliches Bild oder Kastration.«[75]

Die Symbolik des Phallus ist paradoxal. In ihrer männlichen Bildlichkeit findet sie sich dennoch in keinem Geschlecht verkörpert. Die Autonomie der weiblichen Sexualität, das spezifische Verhältnis zwischen Klitoris und Vagina sind Ableitungen dieser Symbolik und von daher nicht ursprünglicher Natur. Bereits in den »Leitsätzen für einen Kongress über weibliche Sexualität« insistiert Lacan darauf, dass die Frage nach der Existenz der beiden Organe und somit jene nach den beiden Orgasmen der Frau, so unbeantwortbar wie nutzlos ist.

»Die reichlich triviale Opposition zwischen der klitoralen Lustempfindung und der vaginalen Befriedigung [man beachte die Unterscheidung zwischen ›Lustempfindung‹ und ›Befriedigung‹] wurde von der Theorie in ihrem Motiv bestärkt, wobei sie so weit ging, in ihr die Beunruhigung der Subjekte anzusiedeln, mehr noch, sie gerade darin zu begründen, wenn nicht gar zu vereinnahmen – ohne daß man sagen könnte, daß ihr Antagonismus genauer geklärt worden wäre. Und zwar aus dem einfachen Grund, weil die Natur des Vaginal-Orgasmus ihr unverletzbares Dunkel bewahrt. [...] Die Repräsentantinnen des Geschlechts, welches Gewicht auch immer ihre Stimme unter den Psychoanalytikern haben mag, scheinen nicht gerade ihr Bestes gegeben zu haben, um dies Siegel zu brechen. [...] Sie [haben] sich dabei weitgehend an Metaphern gehalten, deren idealistische Höhe nichts bezeichnet, das verdienen würde, dem vorgezogen zu werden, was die große Masse uns an weniger gekünstelter Poesie zu bieten hat.«[76]

In der Rückschau sind es solche üblen Äußerungen über die Unfähigkeit der Frauen, ihre eigenen Probleme anders als unter Einsatz schlechter Metaphern zu lösen, aus denen sich die Zurückweisung der Vorstellung eines zweiten oder anderen Geschlechts speist.

Kein anderes Geschlecht, keine eigens weibliche Sprache, nichts zu Klitoris oder Vagina, Überlegenheit des Phallus: In einer solchen Zwangsjacke also hatte Dolto von Anfang an gesteckt.

In der Tat benutzt sie bei ihren Versuchen, persönliche Überlegungen zwischen die Blöcke einfließen zu lassen, »Metaphern«. Es sind dies die zugegebenermaßen wenig glücklich gewählten Metaphern vom klitoralen »Knopf« und vom vaginalen »Loch«, das vom kleinen Mädchen manchmal mit der »Harnröhrenmündung« verwechselt wird.[77] Dolto versucht, allen treu zu bleiben: Von Freud übernimmt sie die Vorstellung einer wesentlich männlichen Libido wie auch die Entwicklungsstadien (von der präödipalen Phase bis zum Ödipuskomplex), die sie zur vaginalen Lust führen. Von Beauvoir übernimmt sie die Entwicklungslinie vom Mädchen zur Frau, von der Kindheit zur Adoleszenz, von der Adoleszenz zum Erwachsenenalter, von der Mutterschaft über die Menopause hin bis zum hohen Alter. Von der Gruppe um Ernest Jones behält sie die Theorie des vorzeitigen Gefühls der Existenz der Vagina beim kleinen Mädchen. Mit Lacan hält sie am Primat des Phallus fest.

Das erste erotische Stadium ist das der Nahrungsaufnahme. Das Mädchen braucht »eine bestimmte Zeit […], bis es einen Halt an seiner Vulva findet.«[78] Darauf folgt das Stadium, in dem sich dieser Halt festigt: »Das Mädchen zupft an seinen Schamlippen und am ›Knopf‹ der Klitoris. Durch die Reizung der Klitoris entdeckt das Mädchen das lustbetonte Anschwellen der Klitoris, so daß es eine Zeitlang hofft, daß hier ein zentrifugaler Penis im Wachsen ist.«[79] »Das Mädchen hat von sich selbst die Vorstellung einer vollen, anschwellenden, phallischen Form.«[80] Die Empfindungen des Mädchens sind auf Anhieb sowohl vaginal wie klitoral, sie hat einen »Knopf mit einem Loch«.[81]

Die darauffolgende ödipale Phase setzt mit einer »narzisstischen Kränkung« ein. Sie markiert den Übergang vom Neid auf den »zentrifugalen« Penis hin zum Neid auf den »zentripetalen« Penis, der Wertschätzung von Körperöffnungen, den ersten Vorzeichen einer Lust zur Fortpflanzung.

Penis und »Knopf mit einem Loch« folgen dennoch beide dem Primat des Phallus, was Dolto zur perfekten Verbündeten Lacans macht. Dolto beugt sich in der Tat der Vorstellung, dass es paradoxerweise das sexuelle Verhältnis, der Geschlechtsverkehr ist, in dem sich sowohl das Männliche wie das Weibliche im Irrealen des Phallus auflösen, jenem absoluten Signifikanten, dessen sich niemand je bemächtigen kann und der nie zu Fleisch wird. »Der Koitus ist im wahrsten Sinne des Wortes ein surrealistischer Akt, ein bewußt gewollter Akt, bei dem die Zeit aufgehoben ist und zwei Körper im Raum ihren Realitätsbezug aufgeben, weil sie ihren gemeinsamen und komplementären, vom Penis bestimmten Bezug zum Phallus verlieren.«[82]

Die einzige Möglichkeit für Dolto, in der Kakophonie all dieser sich widersprechenden Konzessionen etwas von ihren eigenen Vorstellungen zum Ausdruck zu bringen, ist der Rückgriff auf ihre klinischen Erfahrungen, insbesondere auf die von ihr gesammelten Zeugnisse von Kindern. Ihrer Auffassung nach muss man die Kinder zu Wort kommen lassen, denn die von ihnen entwickelten Symptome sind Reaktionen auf die sexuellen Störungen ihrer Eltern. Die Kinder bilden das Echo der Erwachsenenlibido. Echos, die Psychoanalytiker normalerweise überhören. Eigentlich sind es die Kinder, die einen rechten Sinn für den körperlichen Ursprung der Sexualität besitzen, von dem uns allzu viele Signifikanten auf Abstand halten. Doltos Stärke sind diese Stimmen der Kinder. Während ihr Bericht übrigens von den damaligen Analytikern mit eisernem Schweigen quittiert wurde, erhielt sie von Ärzten, Chirurgen, Hebammen und Gynäkologen regen Zuspruch und zahlreiche Anfragen nach ihrem Vortragstext.

Lacan wusste das und erwähnt es wiederholt positiv in seinen Seminaren. Ihm war klar, dass im Insistieren auf das Kind der einzige eigenständige Beitrag des Berichts lag.

Wohl hat er ihr deshalb nach Ende des Kongresses und der Lektüre ihres Berichts gesagt: »Ganz schön dreist, so zu sprechen, wie du es getan hast!« Dolto gibt den sich anschließenden Wortwechsel wie folgt wieder: »Ich habe ihn gefragt: ›Du schließt dich dem, was ich gesagt habe, etwa nicht an? – Das habe nicht gesagt, sagte er, ich sagte, du warst dreist [...]« Dreist? »Was ich vorgetragen habe«, setzt Dolto fort, »war [sicherlich] eine Weise, sich der weiblichen Sexualität anzunähern, die sich sehr von jener psychiatrischen und philosophischen Geisteshaltung unterschied, wie sie von den anwesenden Männern weiterhin vertreten wurde.«[83]

Doch inwiefern war diese Annäherung an die weibliche Sexualität so anders? Worin unterschied sie sich vom herrschenden Dogma? Caroline Eliacheff gibt in ihrem Buch *Françoise Dolto. Ein besonderer Tag* mehrere mögliche und stimmige Antworten, die sich alle auf das bei den Kindern Abgelauschte beziehen: »[Hebt sich Doltos Herangehensweise dadurch von anderen ab, dass] sie von scheinbar heterosexuellen, aber eigentlich homosexuellen Frauen sprach, die ihren Ehemann an die Stelle der Mutter setzen? Weil bei ihr von unentdeckt pädophilen Frauen die Rede ist, die sich an ihren Kindern vergehen und für die die Mutterliebe alles rechtfertigt? Weil sie davon sprach, Frauen zu kennen, die überhaupt nicht frigide sind und sich wie wahnsinnig um die Erziehung ihrer Kinder kümmern, während man glaubte, Orgasmen zu haben sei das Allheilmittel gegen jegliches Übel? Oder weil sie die inflationär verbreitete Theorie, wonach das Mädchen enttäuscht sei, keinen Penis zu besitzen, als lediglich temporär enthüllte, weil es sehr gut damit fertig wird?«[84]

Was enthüllt und was verbirgt eine Dreistigkeit? All dies? Auch den Umstand, nicht mehr sicher zu sein, ob die Psychoanalyse in Bezug auf die weibliche Sexualität noch etwas zu sagen hat?

Auf die Frage, was für eine Frau sie sei (welchem Block sie angehöre – etwas, das sie verbarg), würde Dolto wohl die rätselhafte, ebenso naive wie raffinierte Antwort geben: »Ich weiß überhaupt nicht, wer ich bin, und ich bin den Leuten sehr dankbar, dass sie mich mögen, denn dank ihnen kann auch ich mich ganz gut leiden. Doch weiß ich überhaupt nicht, wer ich bin, und deshalb kann ich dir auch keine Antwort geben, denn ich weiß überhaupt nicht, was mir meine Weiblichkeit bedeutet. Ich weiß nicht, irgendetwas macht es mir unmöglich, davon zu sprechen.«[85]

8.

»Die weibliche Sexualität ist die Klitoris.« Carla Lonzi und der Feminismus der Differenz[86]

Wie lässt sich die Sicht auf das Verhältnis der beiden Organe, das allzu häufig als Machtverhältnis gesehen wird, nachhaltig verändern? Wie lässt es sich anders denn entlang des alten Schemas von Herr und Knecht interpretieren?

Mit Carla Lonzi gewinnen diese Fragen eine völlige neue Kraft und entfachen ein wahres Feuerwerk. Die 1931 in Florenz geborene Carla Lonzi ist eine der Galionsfiguren des radikalen italienischen Feminismus. 1970 gründet sie mit Gleichgesinnten im Umkreis der Libreria delle donne di Milano das Kollektiv »Rivolta Femminile« (Frauenrevolte). Um sich ganz ihrem Engagement widmen zu können, verlässt sie ihren Lebensgefährten und beendet ihre Tätigkeit als durchaus bekannte Kunstkritikerin. Sie entscheidet sich endgültig gegen eine Universitätskarriere und weigert sich, ihre bei dem Kunsthistoriker Roberto Longhi erfolgreich abgeschlossene Dissertation mit dem Titel *Die Beziehungen zwischen Theater und Visuellen Künsten seit dem Ende des 19. Jahrhunderts* zu publizieren. Mit dieser Publikation und einer darauffolgenden Karriere »hätte man mich«, sagte sie, »bestenfalls kulturell ›klassifiziert‹, für mich aber hätte das bedeutet, meine einzige Chance auf Identität zu verspielen«.[87]

Carla Lonzi ist keine studierte Philosophin, doch ihre berühmte Einlassung ist durch und durch philosophisch. *Wir pfeifen auf Hegel!*, erklärt sie im Titel ihres großen Manifests.[88] Die Hegel'sche Dialektik von Herr und Knecht ist ein Kampf auf Leben und Tod. Zwei Bewusstseine stehen sich in einem lebensgefährlichen Kampf um Anerkennung gegenüber. Um als Bewusstsein anerkannt zu werden und nicht als einfache Sache, muss jedes von ihnen beweisen, dass es nicht an seinem Leben hängt. Beide sind bereit zu sterben oder den anderen zu töten. Letztlich, so fährt Hegel fort, gibt eines der beiden Bewusstseine seiner Angst nach und akzeptiert, sich dem anderen zu unterwerfen. Der eine ist Herr, der andere Knecht. Für Lonzi scheitert diese Dialektik, diese Oppositionslogik sowohl an der Frau-Mann-Beziehung wie am Verhältnis zwischen Vagina und Klitoris, die beide untrennbar miteinander verbunden sind. Lonzi leugnet nicht die Gewalt, denen beide Verhältnissen unterstehen, sind es doch gerade männliche Dominanz und Normierung weiblicher Sexualität, die sie anprangert. Die Dialektik von Herr und Knecht geht aber fehl sowohl in Bezug auf den Anfang wie das Resultat. »Wenn Hegel den menschlichen Ursprung der Unterdrückung der Frau erkannt hätte, wie er den menschlichen Ursprung der Unterdrückung des Knechts erkannt hat, hätte er auch auf sie die Dialektik Herr/Knecht anwenden müssen. Und in diesem Fall wäre er auf ein ernstliches Hindernis gestoßen: Denn wenn die Methode die Übergänge der gesellschaftlichen Bewegung ausmachen kann, so steht doch außer Zweifel, daß die Befreiung der Frau nicht wieder auf dieselben Formen zurückgehen kann: im Verhältnis Frau/Mann gibt es keine Lösung, die den anderen eliminiert, also wird das Ziel der Machtübernahme hinfällig.«[89]

Im Hegel'schen Schema des Kampfes hingegen ist die Machtübernahme als dessen Möglichkeitsbedingung zulässig. Die Rollen von Herr und Knecht kehren sich schließlich um, aber die Macht bleibt. Die Aufgabe des Feminismus besteht nun genau darin, die Vorstellung eines Apriori der Macht in Frage zu stellen, den Hebel an der Aufhebung und Zerschlagung von Unterwerfung wie Herrschaft zugleich anzulegen. Dieser Hebel ist der *Unterschied.*

Tatsächlich begegnet uns in *Pfeifen wir auf Hegel!* erstmals das Konzept der *Differenz,* das im Gegensatz zur Oppositionslogik steht.

Angesichts dieses Unterschieds bleibt die Dialektik gehaltlos. Der Feminismus ist kein Denken befreiter Sklaven. Der Unterschied der Frau steht in enger Verbindung zu ihrer Sexualität, und das Verhältnis von Vagina und Klitoris ist ihr grundlegender Ausdruck. Wir verdanken Carla Lonzi auch die Behauptung einer klitoridischen Frau. In ihrem anderen wichtigen Manifest *Die klitoridische Frau und die vaginale Frau* lautet ihre These, dass die Klitoris ihre sekundäre Rolle verlieren muss, weil es keine Unterwerfung unter die Macht der Vagina geben darf, weil *das weibliche Geschlechtsorgan die Klitoris ist*: »Das weibliche Geschlechtsorgan ist die Klitoris, das männliche der Penis«.[90]

Die Klitoris wird so zu einem Emblem der libidinösen Autonomie der Frau – ihrer Differenz – und zugleich zur Widerstandszone gegen die Heteronormativität der »männlichen Sexualkultur«.

Eine solche Geste des Bruchs mit der traditionellen Sicht auf die zwei Organe erfordert zunächst einen Bruch der weitgehend etablierten Gleichsetzung von klitoraler Lust und Masturbation. Selbst wenn sie von eine:r Partner:in praktiziert wird, wird die Stimulation der Klitoris doch oft als eine Spielart der Autoerotik angesehen, als »eine in Einsamkeit und Getrenntheit erlebte[] Lust«,[91] was erlaubt, sie einer infantilen Aktivität gleichzusetzen.

»Unter Masturbation versteht die männliche Sexualkultur nicht nur die Autoerotik, sondern jede Form der sexuellen Stimulation der Geschlechtsorgane, die kein Koitus ist. [...] Für eine solche Kultur kann sich die weibliche Sexualität nur durch Masturbationshandlungen, auch wenn sie vom Partner vollzogen werden, realisieren.«[92] Im Gegenzug geht es darum, die Liebkosung der Klitoris als eigenständige Form des Geschlechtsverkehrs anzuerkennen. »Unserer Ansicht nach besteht der Unterschied zwischen Masturbation und Nicht-Masturbation darin, die Gegenwart des anderen wahrzunehmen, und in der gegenseitigen Erregung und nicht darin, das Koitusmodell auszuführen«[93] – ein Vorbild, dass ganz und gar bestimmt wird durch die ideologischen Werte der heterosexuellen Penetration zum Zwecke der Fortpflanzung.

Die Frage der klitoralen Lust ist untrennbar mit der politischen Frage der Subjektivierung verbunden. Mit der Bejahung der klitoridischen Frau nimmt ein neuer Typus der Subjektwerdung seinen Anfang. Lonzi etabliert ein entscheidendes Verhältnis zwischen Klitoris und Denken, wenn sie erklärt, dass »klitoridisch« sein für eine Frau bedeute, »in der ersten Person zu denken«.[94] Es ist in der Tat unmöglich, selbstständig zu denken, ohne sich selbst zu kennen, und sich selbst zu kennen, ohne seine eigene Lust zu kennen und den Ort, wo sie zu finden ist. »In der Schule«, schreibt Lonzi, »werden die Jugendlichen über das Funktionieren der Fortpflanzung unterrichtet, nicht aber über die sexuelle Lust.«[95] Wenn es überhaupt, einen Abstand gibt, der verringert werden kann, dann ist es jener viel zu wenig hinterfragte zwischen der Fähigkeit zu Denken und jener zu Genießen, also wie man seinen Verstand bildet und wie man ihn verliert.

Von daher auch das Konzept der Selbsterfahrung (*autocoscienza*): Die Selbsterfahrung des eigenen Geschlechts und seiner Lust unterscheidet sich vom Bewusstsein, klitoral oder vaginal zu sein. Es geht nicht darum, etwas von Geburt an Gegebenes, eine vom Schicksal vorgegebene Gegebenheit zu akzeptieren. Die Selbsterfahrung erweckt das, von dem es eine Erfahrung ist, nämlich seine eigentliche Lustquelle zu kennen. Auf diese Weise erlaubt sie zuallererst, mit dem Schuldgefühl Schluss zu machen, das von einer vermeintlichen vaginalen Frigidität herrührt. Die »vaginale Frau« ist in Wirklichkeit nur eine Projektion des männlichen Geschlechterschemas und die Klitoris ein Organ, »das die patriarchale Kultur mit Erfolg verborgen und unbenutzt gehalten hat.«[96] »Wieso zögert die vaginale Frau, sich einer so umfassenden Problematik wie der der sexuellen Situation der Frau bewusst zu werden?«,[97] fährt Lonzi fort. Weil die patriarchale Kultur eben eine Kultur der Klitoridektomie ist.

Die klitoridische Frau wird zu einer Figur des weiblichen Bewusstseins: »Um den klitoridischen Orgasmus voll genießen zu können, muß die Frau die psychische Autonomie gegenüber dem Mann finden.«[98] Das Geltendmachen der sexuellen Differenz bedeutet weniger einen Einschluss in ein binäres Schema als vielmehr eine Dekonstruktion des Begriffs der Gleichheit. Den radikalen Feminist:innen geht es nicht um Gleichbehandlung gegenüber den Männern, sondern zuallererst darum, in »authentischer« Weise als different betrachtet zu werden und sich selbst als different zu betrachten. Sich als klitoridisch anzuerkennen kam zu jener Zeit einem wahren Coming-out gleich. Mit der »klitoridischen Frau« hat die Differenz einen Weg aus der Versenkung gefunden.

Die Kritik an der heteronormativen Konstruktion der weiblichen Sexualität (noch ist bei Lonzi nicht von einer

Gendertheorie die Rede) erfordert eine Zurückweisung der Freud'schen Psychoanalyse und ihrer Gleichsetzung von Klitoris und Unreife, die die Frauen zu »vaginalen Aspirantinnen« macht.[99]

Die Ablehnung der Freud'schen Psychoanalyse ähnelt der Zurückweisung der Hegel'schen Dialektik. »Der Feminismus tritt für die Frau an die Stelle dessen, was für den Mann die Psychoanalyse ist. In letzterer findet der Mann die Gründe, die seine Vorherrschaft [...] unangreifbar machen; im Feminismus findet die Frau das kollektive weibliche Bewusstsein, das die Inhalte ihrer Befreiung hervorbringt. Die Kategorie der Unterdrückung in der Psychoanalyse entspricht der von Herrn und Knecht im Marxismus: beide haben als Ziel eine patriarchale Utopie, in der die Frau als das letzte unterdrückte und unterworfene menschliche Wesen programmiert wird, um die grandiose Anstrengung der männlichen Welt zu stützen, die für sich selbst die Ketten der Unterdrückung und der Sklaverei zerreißt.«[100] Als wesentlicher Einsatz der weiblichen Selbsterfahrung markiert die Klitoris von da an den irreduziblen Abstand zwischen Unterwerfung und Verantwortung.

Wie aber die Wiedereinsetzung der phallischen Macht unter Frauen, die Verringerung des Abstands verhindern?

In ihrem Tagebuch ruft Lonzi auf schmerzhafte Weise die Schwierigkeiten in Erinnerung, die sie bei ihrer Lebensgefährtin Esther gewärtigt, die sich von ihr dominiert fühlt. »Mit Esther kann ich nur schweigen. Sie wütet gegen sich selbst, und das erträgt sie nicht. Mittlerweile getraut sie sich zu sagen, was sie zuvor nie zum Ausdruck gebracht hat, was undenkbar erschien: dass ich in unserer Beziehung der Mann bin und sie die Frau. Es ist, als würde die Dichotomie von Vaginalem und Klitoralem zurückkehren, und selbst der Feminismus kann dem kein Ende setzen.«[101]

Ein solcher Pessimismus ist umso trauriger, als Lonzi zu früh starb, als dass sie den Siegeszug hätte miterleben können, die Kraft und Popularität dessen, was man dank und seit ihr »Femininismus der Differenz« genannt hat und der im Umkreis der Mailänder Frauenbuchhandlung und der *Comunità filosofica Diotima* an der Universität von Verona eine Fortsetzung fand. Lonzi starb am 2. August 1982 an Gebärmutterkrebs, ohne erlebt zu haben, wie die »sexuelle Differenz« zum für lange Zeit grundlegenden Begriff des neuen Feminismus wurde.

9.

Luce Irigaray

»Die Frau ist weder geschlossen noch offen.«[102]

Die Lippen der Vulva – wie jene des Mundes – sind wie Wächterinnen oder Pforten, hinter denen es keine Machtverhältnisse gibt. Nie rivalisieren Klitoris und Vagina zwischen diesen Lippen. Für die Psychoanalytikerin und Philosophin Luce Irigaray »hat die Frau nicht ein Geschlecht. Sie hat davon mindestens zwei, die jedoch nicht in einem identifizierbar sind. Übrigens hat sie noch mehr davon. Ihre zumindest doppelte Sexualität ist vielmehr *plural.*«[103]

Daher »kann sich die Lust der Frau nicht zwischen klitoraler Aktivität und vaginaler Passivität entscheiden. [...] Die Lust der vaginalen Liebkosung kann sich nicht derjenigen der klitoralen Liebkosung substituieren. Alle beide tragen sie in unersetzlicher Weise zum Lustempfinden der Frau bei.«[104]

Die nicht vorhandene Konkurrenz zwischen den beiden Organen wird in gewisser Weise symbolisiert und verdoppelt durch das Verhältnis der beiden Schamlippen. Im Geheimnis des Geschlechts, das sich zwischen seinen miteinander sprechenden Lippen (jenen des Geschlechts und jenen des Mundes) »unentwegt selbst berührt«, gibt es – dies sei noch einmal gesagt – »weder Herr noch Knecht«.[105] Die sexuelle Differenz, die sich als eines der größten politischen Probleme unserer Zeit aufdrängt, erfordert auch hier einen Bruch mit der Dialektik. »Jede Epoche hat […] eine Sache zu ›bedenken‹. Nur eine. Die sexuelle Differenz ist wahrscheinlich diejenige unserer Zeit.«[106] Nun ist dieses Denken aber keines des Konflikts.

Irigarays maßgebliche Lektüren von Platon, Descartes, Hegel, Nietzsche oder Heidegger bestimmen das Schicksal der Frau in der Philosophie nicht nur als ein mimetisches – etwas, das sie verurteilt, weil mit Begriffen hantiert wird, die die Frau dem Mann nachbilden. Eine Frau, die denkt, ist keine zum Leben erweckte Materie, kein simpler Abklatsch des männlichen *logos*, von dem sie geformt wird. Die Frau lenkt diesen Mimetismus und eine solche Materialität durch einen ironischen und subversiven Spiegeleffekt um. *Speculum* ist derart auch eine Replik auf das Spiegelstadium Lacans, eines Spiegels, der niemals eine Frau zeigt. Der Titel ihres Buches *Speculum. Spiegel des anderen Geschlechts* evoziert natürlich auch das gynäkologische Instrument, das es erlaubt, die »Finsternis zu erblicken«,[107] das aber durch einen seltsamen Effekt der Rückstrahlung zugleich offenbart, dass sich diese Finsternis im Auge des Betrachters befindet.

Während sie sich gegenseitig berühren, lassen die Lippen nichts von jenem Mysterium sehen, das sie umschließen, wenn man mit dem Sichtbaren eine hervorstehende Form verbindet, die sowohl mit den Augen wie mit den Händen erfasst werden kann. Was die »Materie« angeht, die man als den ontologischen Teil der Frau ansieht, so ist sie nicht unförmig, sondern nicht formalisierbar. »Ein allgemeiner Name, der nicht in bezug auf eine Identität bestimmt werden kann. (Die/eine) Frau entspricht [nicht] dem Prinzip der Identität.«[108] Und weiter unten fügt sie hinzu: »Denn das (Sich-)Berühren verleiht der Frau eine Form, die sich unendlich und unbegrenzt verändert, ohne sich dadurch zu verschließen, daß sie von ihr angeeignet, in Besitz genommen wird.«[109] Das Nicht-Formalisierbare verspricht der Lust eine Unendlichkeit an Verwandlungen.

In *Das Geschlecht das nicht eins ist* skizziert Irigaray eine regelrechte Geographie der weiblichen Lust. Wenn die Schamlippen in gewisser Weise die Quelle der Libido sind, dann folgt daraus nichts Geringeres, als dass »die Frau überall Geschlechtsteile hat. Sie genießt bald da, bald dort. Selbst ohne von der Hysterisierung ihres ganzen Körpers zu sprechen, ist die Geographie ihrer Lust abwechslungsreicher, vielfältiger in ihren Differenzen, komplexer, subtiler, als man es sich vorstellt… in einem Imaginären, das ein wenig zu sehr auf das Gleiche zentriert ist.«[110]

Wie sehr hat man ihr diese Verbindung Frau/Lippen nicht zum Vorwurf gemacht! Mit was für einem Misstrauen ist man dieser pluralen Topographie der Lust begegnet! Irigaray hätte sich ohne Zögern, und unabhängig von dem, was sie dazu sagt, jedem Vulvo- und Phallomorphismus verweigert und damit jeden Essentialismus verurteilt.

Das Wort ist zudem schlecht gewählt, denn die Essenz, das Wesen (*eidos*) war für die Griechen etwas Bewegliches, die Dynamik einer Vergegenwärtigung oder eines Erscheinens. Ein Wesen ist alles andere als eine Natur oder eine feste Instanz. Dass es in einer späteren metaphysischen Verzerrung dazu gemacht wurde, ändert nichts an seiner ursprünglichen Plastizität. Es scheint mir übrigens, als sei Irigaray die metamorphotische Natur des Wesensbegriffs nicht bewusst gewesen, denn sie reduziert ihn auf die Unveränderlichkeit der Substanz. Für mich kann Irigaray also kaum als eine Essentialistin gelten.

Sicher ist, dass ihr Denken nie die theoretische Matrix der sexuellen Differenz überschreitet. Es gibt das Männliche und es gibt das Weibliche. »Die weibliche Sexualität ist immer von männlichen Parametern aus gedacht worden«,[111] und so wird das weibliche Genießen durch »eine Zivilisation verleugnet, die den Phallomorphismus privilegiert.«[112] Doch muss man auch sehen, dass die sexuelle Differenz jenseits der Binarität gedacht werden kann, als eine sie paradoxerweise überschreitende Ökonomie. Wenn man von Binarität spricht, geht man in der Tat stillschweigend von einem Gleichgewicht, einer Balance zwischen zwei Termen oder Werten aus. Wenn man von Differenz spricht, so führt das bereits eine Unverhältnismäßigkeit ein, eine Heterogenität, einen Abstand in einer Dualität. Irigaray insistiert anstatt auf der Dyade vielmehr auf einer Pluralität, was dazu führt, dass die Differenz auch eine andere, wohlbekannte Dualität durcheinanderbringt, nämlich jene von Klitoris und Vagina.

»Körper, Brüste, Venushügel, Klitoris, Lippen, Vulva, Vagina, Muttermund, Gebärmutter und jenes *Nichts*, das sie schon in und durch ihren Abstand Lust empfinden lässt«,[113] schreibt sie. Die Pluralität der Zonen kann nicht auf einen Punkt gebracht werden, sie bleibt ausgebreitet, weshalb Irigaray die Lust jenseits der Paarungen offen-geschlossen, passiv-aktiv verortet.

Doch wie sehr hat man ihr auch noch diesen Abstand zum Vorwurf gemacht! Valerie Traub findet, dass er immer noch in einem Rahmen strikter Adäquation von Körperteilen und Begehren eingeschlossen sei. Die Psychomorphologie des weiblichen Körpers werde, so Traub, bei Irigaray noch immer von einer »Logik der Äquivalenz«[114] beherrscht, der Entsprechung von Schamlippen und weiblichem Begehren. Diese Logik der Entsprechungen werde, so Traub, »durch den Phallus sichergestellt«.[115] In der Tat ist es der Phallus, der bei Lacan über die »Macht der Benennung« verfügt, und darüber, welche Bedeutung einem bestimmten Körperteil beigemessen wird, die es zum Emblem erotischer Identität macht.

Wenn man versucht, über die weibliche Sexualität nachzudenken und zu schreiben, dann läuft man Gefahr, einer gewissen identitären Strenge zu verfallen, die ein vielleicht unvermeidlicher Zwischenschritt ist, bei der man aber nicht stehen bleiben muss. Es scheint mir nicht gesichert, dass Irigaray wirklich in die Falle einer noch immer phallischen Symbolik der Klitoris gegangen ist. Sie spricht der Klitoris jedenfalls eine grundsätzliche Bedeutung in Hinsicht auf den weiblichen Körper zu, ohne diesen »zu verschließen«.[116]

In der von Irigaray skizzierten Geographie der weiblichen Lust geht es darum, die Freud'sche (und auf einer anderen Ebene auch die Lacan'sche) Vorstellung des weiblichen Genitalen wiederaufzunehmen, zu vertiefen und von da aus zu überwinden. Die Existenz eines Geschlechts zu behaupten, »das nicht eins ist«, heißt, eine Reduktion des Geschlechts auf den Sex zurückzuweisen, es heißt, das anatomische Vokabular aus seiner ursprünglichen Verankerung zu lösen, um zu einer Idee vom Körper zu gelangen, zu der die Psychoanalyse nie gelangt ist. Sind solche Vorstöße, wie bei Beauvoir vorbereitet und durch Irigaray vertieft, wirklich überflüssig geworden? »Aber die Notwendigkeit, sich zur Rechtfertigung einer theoretischen Position auf das Anatomische zu stützen, besteht für Freud insbesondere hinsichtlich seiner Beschreibung des sexuellen Werdens der Frau. [...] Ausgehend davon werden die Frauen im Namen jenes anatomischen Schicksals unter libidinösem Gesichtspunkt von der Natur weniger begünstigt sein, das heißt, häufig frigide, nicht aggressiv, nicht sadistisch, nicht possessiv, homosexuell dem Grad des Hermaphroditismus ihrer Ovarien gemäß, den kulturellen Werten fremd, sofern sie nicht aufgrund irgendeiner ›gekreuzten Vererbung‹ an ihnen partizipieren, usw. Kurz, sie werden des Wertes ihres Geschlechtes beraubt. Wobei das Entscheidende ist, daß man nicht weiß, warum, wodurch – und daß alles auf das Konto der ›Natur‹ geschoben wird.«[117]

Man muss also vom Diktat der Freud'schen Anatomie loskommen, indem man sie mit einem anderen Körperschema konfrontiert. Heutzutage begreift man dieses nicht notwendigerweise weibliche Schema als veränderbar und plastisch, doch war es Irigaray, die die Grundlage für eine Umschrift des Körpers geschaffen hat.

Man hat ihr zudem vorgeworfen, sie schreibe nur für Lesben. Natürlich ist im Kapitel »Wenn unsere Lippen sich sprechen« in *Das Geschlecht das nicht eins ist* von Schamlippen (zumindest zweier) Frauen in liebender Umschlingung die Rede. »Wir, leuchtend. Weder Eine noch Zwei. Ich konnte nie zählen. Bis zu dir. Nach ihren Berechnungen wären wir zwei. Wirklich zwei? Mußt du nicht darüber lachen? Eine komische Zwei. Immerhin nicht Eine, vor allem nicht Eine. Überlassen wir ihnen das *Eine*.«[118]

Aber ist das ein Problem? Gibt es nicht mehrere mögliche Lesarten dieser Szene? Und ist es nicht ohnehin immer so, wie Audre Lorde schreibt, dass es »die wahre Feministin immer mit einem lesbischen Bewusstsein zu tun hat, ob sie nun mit Frauen schläft oder nicht?«[119]

10.

»Mit Zärtlichkeit und Respekt für die Vulva in ihrer Vollkommenheit«[120]

In ihrem Bericht über »Genitalverstümmelungen bei Frauen« aus dem Jahr 2018 nehmen die beiden Senatorinnen Maryvonne Blondin und Marta de Cidrac zwei entscheidende terminologische Klärungen bezüglich dessen vor, was man (wie auch ich es getan habe) allzu voreilig als Beschneidung bzw. Exzision oder Klitoridektomie bezeichnet.[121]

Die erste Klärung betrifft den Ausdruck »Genitalverstümmelung bei Frauen«, in Frankreich als »mutilations sexuelles féminines« (MSF) bezeichnet. Diese Bezeichnung ist das Resultat zahlreicher, seit 1950 erfolgter Neuformulierungen, die von einem fortgesetzten Wandel der Wahrnehmung zeugen.

»Als sich 1958 die UNO und 1959 die WHO erstmals mit diesen Fragen befasst haben«, schreiben die Autorinnen, »wurden die Verstümmelungen als rituelle Operationen auf der Grundlage von Brauchtum begriffen«.[122] Zu dieser Zeit wurde die Exzision mit der männlichen Beschneidung (Zirkumzision) gleichgesetzt.

Gleichwohl betrachtete man seit Mitte der 1970er Jahre diese »Operationen« immer mehr als Gewalt gegenüber Frauen. Von daher auch die Wortwahl »Verstümmelung«. Während im Vereinigten Königreich manchmal der Begriff der »weiblichen Genitalbeschneidung« (*female genital cutting* (FGC)) bevorzugt wird und die WHO sich für die Formel »weibliche Genitalverstümmelung« (*female genital mutilations* (FGM)) entschieden hat, spricht man in den französischsprachigen Ländern eher von Verstümmelungen des weiblichen *Geschlechts* (mutilations *sexuelles* féminines). Als im Jahr 2013 die Nationale Beratungskommission für Menschenrechte erklärte, der Begriff der »Verstümmelung des weiblichen Geschlechts« verweise auf jenen der »Verletzung der Grundrechte von Mädchen und Frauen«, unterstrich sie, dass »diese Verstümmelungen vor allem auf dem Gebiet der Persönlichkeitsrechte« bekämpft werden müsse und weder »auf eine medizinische Problematik« noch auf »biologische Aspekte dieser Praxis«, die dem Begriff der »Genitalverstümmelung«[123] unterliegen, reduziert werden dürfe.

Die zweite Präzisierung anerkennt eine Diversität der Geschlechtsverstümmelungen, was ebenfalls einen großen Unterschied zu den Berichten aus den 1950er Jahren darstellt. »Die von der UNO 1997 angewandte und 2007 revidierte Typologie liefert drei wesentliche Kategorien der Verstümmelung der äußeren Geschlechtsorgane der Frau ohne vorherige medizinische Indikation:

– Typ 1 – Klitoridektomie: vollständige oder teilweise operative Entfernung der Klitoris und/oder der Klitorisvorhaut.

– Typ 2 – Exzision: vollständige oder teilweise operative Entfernung der Klitoris und der inneren Schamlippen und/oder der äußeren Schamlippen.

– Typ 3 – Infibulation: Verengung der Vaginalöffnung durch operative Entfernung oder Vernähung der inneren und/oder äußeren Schamlippen, mit/ohne operative Entfernung der Klitoris. Die hierbei entstehende Vernarbung muss im Falle der Verheiratung und/oder des Koitus aufgeschnitten werden. Diese am seltensten beobachtete Praxis kommt vor allem in Ostafrika vor.

– Typ 4 – Alle anderen mit Leiden verbundenen, keinem medizinischen Zweck dienenden Eingriffe die weiblichen Genitalien betreffend, wie das Einstechen, Durchbohren, Einschneiden, Abschaben, Ausbrennen der Geschlechtsorgane.«[124]

Gemäß der Nationalen Beratungskommission für Menschenrechte wird weltweit noch immer alle 15 Sekunden ein Mädchen oder eine Frau exzidiert. Von den 200 Millionen heute lebenden exzidierten Frauen sind 44 Millionen unter 15 Jahre alt. Ein Bericht der Parlamentarischen Versammlung des Europarates macht geltend, dass »jeder Vergleich zwischen der männlichen Beschneidung und der weiblichen Genitalverstümmelung zurückgewiesen werden muss, nicht zuletzt weil die Klitoris, deren einzige Funktion die sexuelle Lust ist, kein Äquivalent beim Mann hat.«[125] Für Emmanuelle Piet, Ärztin und Präsidentin des Feministischen Kollektivs gegen Vergewaltigung (*Collectif féministe contre le viol*) ist das Ziel dieser Verstümmelungen, »die weibliche Lust zu unterbinden: insofern handelt es sich wesentlich um sexuelle Verstümmelungen«.[126]

»Halimata Fofana, die Autorin von *Mariama am lebendigen Leib gehäutet*, erinnert sich an die unsagbaren Schmerzen, die sie unter dem Exzisionsmesser erleiden musste, an den brennenden Alkohol zur Desinfektion der offenen Wunde, daran, noch lange nach dem ›Eingriff‹ weder gehen noch sitzen zu können.«[127]

Ein anderes, durch seinen Stil und seine poetische Kreativität sehr eindringliches Zeugnis ist das Werk der afroamerikanischen feministischen Autorin Alice Walker. Walker situiert ihren militanten Aktivismus an der Schnittlinie zweier Kämpfe: dem Kampf für die Bürgerrechte von Schwarzen und dem Kampf für das Verbot weiblicher Geschlechtsverstümmelungen. Ihr 1992 geschriebenes Buch *Sie hüten das Geheimnis des Glücks*[128] ist wohl der erste Roman, der sich der weiblichen Geschlechtsverstümmelungen annimmt. Auf ihn folgten das Buch und der gleichnamige, gemeinsam mit der Regisseurin Pratibha Parmar realisierte Dokumentarfilm *Warrior Marks: Female Genital Mutilation and the Sexual Blinding of Women.* Walker unternimmt darin eine Reise durch das Afrika der Exzisionen. Der Film endet mit einem Gespräch mit einer diese Eingriffe durchführenden – *selbst exzisierten* – Frau während der Vorbereitungen auf eine solche »Operation«.

Die ersten Einstellungen des Films zeigen eine Gruppe von Frauen, die singen: »Wir verurteilen die weibliche Genitalverstümmelung!« Eine dieser Frauen, eine Hebamme, wendet sich der Kamera zu und sagt: »Das hat nichts mit Kultur zu tun, das ist Folter«. Walker formuliert das ethische Problem folgendermaßen: »Wie kann man jemandem gegenüberstehen, der leidet, und das nicht sehen? Ignorieren, dass man derjenige ist [man bemerke den Gebrauch der männlichen Form, *he*], der dieses Leiden verursacht und in aller Ruhe damit fortfährt? […] Großes Leid geht mit der Gewissheit einher, dass der andere, der nicht leidet, nicht daran glaubt.«[129] Verstümmelungen sind Abgründe an Schmerzen, die sich zu Insignien der Macht verkehren – in die Macht derer, die den Schmerz anzweifeln.

»Ich habe lange Zeit nicht bemerkt, daß ich tot war.«[130] Das sind die ersten Worte von Tashi, die in Afrika geboren wurde, aber seit ihrer Heirat in den Vereinigten Staaten lebt. In Treue zur Kultur ihrer Vorfahren, die der (fiktiven) Gesellschaft der Olinkas angehören, sah sich Tashi – obwohl sie aufgrund ihrer Beziehung zu Adam, dem Sohn eines Missionars, bereits amerikanisiert ist – gezwungen, sich als Jugendliche freiwillig dem Exzisionsmesser der *tsunga* zu unterwerfen. Sie glaubte, damit ihre Loyalität zu ihrem Volk unter Beweis zu stellen. Die Exzision jedoch ist ein Trauma sondergleichen. Als junge, nunmehr verheiratete Frau zwingt es sie in einen lebenslangen Kampf gegen den Wahnsinn, während dem sie vergeblich versucht, die Gründe für den Brauch dieser Verstümmelungen zu verstehen. Mit Hilfe der Psychoanalyse gelingt es ihr schließlich, eine gewisse körperliche Integrität wiederzuerlangen.

»Ich habe das unheimliche Gefühl, daß ich nun, am Ende meines Lebens, beginne, den Körper wieder ganz zu bewohnen, den ich vor langem verlassen habe.«[131] Doch Tashis Psyche bekommt einen weiteren Schlag, als sie sich an die Exzision ihrer älteren Schwester Dura erinnert, die infolge der Ablation verblutete. Extrem schwer zu ertragen ist die Erinnerung an die Exzisorin M'Lissa, die Teile von Duras Genitalien einer hungrigen Henne vorwirft: »M'Lissa hob den Fuß und schleuderte das kleine Etwas in Richtung der Henne, und die rannte, als hätte sie auf diesen Moment gewartet, hin zu M'Lissas erhobenem Fuß, verfolgte das weggeworfene Etwas durch die Luft und bis auf den Boden und schlang es mit einer schnellen Bewegung von Schnabel und Hals herunter.«[132] Für Tashi kommt die Exzision einem Mord gleich. Sie kehrt schließlich nach Afrika zurück, um Rache zu üben und die Exzisorin mit Messerstichen zu töten – Klinge gegen Klinge, bis sie am Ende zum Tode verurteilt wird.

Drei Fäden werden in der Erzählung miteinander verflochten: die Verurteilung von Genitalverstümmelungen, die erzwungene Komplizenschaft der Frauen mit der patriarchalen Gewalt, und schließlich die Notwendigkeit, das Schweigen zu brechen. Die Erzählung von Tashi bildet ein Echo auf andere Stimmen – jener von Audre Lorde: »Dein Schweigen wird dich nicht beschützen«,[133] von Toni Morrison und ihrer »Wiedererinnerung« (re-memory) in *Menschenkind*[134] (im Einklang mit Tashis Worten: »Wenn du vor dir selbst deinen Schmerz leugnest, wirst du von denen getötet werden, die behaupten, daß du ihn genossen hast.«[135]) oder jener von bell hooks: »So viele Schwarze Frauen kämpfen dafür, dass man unsere Körper akzeptiert und liebt. Für manche unter uns bedeutet es, zuerst zu lernen, unsere Hautfarbe zu lieben. Anderen gelingt es wirklich, sie zu lieben, sie zu feiern, sie in die Erotik ihrer Sprache aufzunehmen, als eine Weise zu anderen Frauen zu sprechen. Doch so viele Schwarze Frauen haben das Trauma von Missbrauch erfahren müssen; die Sexualität lässt uns als Verwundete zurück.«[136]

Für Walker und alle, die ihr folgen, unterscheiden sich die Verstümmelungen von Frauen in Afrika nicht von der körperlichen Gewalt, dem sexuellen Missbrauch oder den Vergewaltigungen, welche Afroamerikanerinnen in den USA erleiden und die die Handschrift der Sklaverei tragen. Wie diesen kommt die Genitalverstümmelung einem Mord auf symbolischer Ebene gleich.

Opfer oder Überlebende? Auch hier wird die richtige Bezeichnung Gegenstand weiterer Diskussionen sein müssen.

11.

Sind »Verstümmelung« und »Wiedergutmachung« die richtigen Wörter?

Immer mehr Stimmen werden laut, die sich gegen den Gebrauch der Bezeichnung »Verstümmelung« aussprechen. Es mache keinen Unterschied, ob von Genitalverstümmelung oder von Verstümmelung des Geschlechts die Rede ist, die Bezeichnung sei insgesamt ungeeignet. Mitglieder der LGBT-Community, Forscher:innen, Ärzt:innen stellen heute die Richtigkeit dieser Standardbezeichnungen, wie sie vom Hauptakteur der Debatte, der WHO, anerkannt sind, in Frage. Wie wir gesehen haben, geht die Bezeichnung »Genitalverstümmelung« oder »Verstümmelung des weiblichen Geschlechts« davon aus, dass ohne medizinische Indikation durchgeführte Eingriffe an den weiblichen Genitalien als Folter und Verletzungen der körperlichen Integrität zu betrachten sind und nicht in erster Linie als kulturelle Praktiken. Diese Bezeichnungen bilden demzufolge bereits Formen der Diskriminierung.[137]

Es wird zudem darauf hingewiesen, dass die WHO lediglich nicht-westliche Formen derartiger Eingriffe betrachtet. Warum sollte man nur die Verstümmelungen an Frauen als symptomatische und singuläre Praktiken ansehen, und nicht auch ohne Zustimmung durchgeführte (operative oder hormonelle) Eingriffe an intersexuellen Kindern oder Menschen mit von der Norm abweichender Sexualentwicklung?[138] Und warum die Beschneidung (der männlichen Vorhaut) davon ausnehmen?

In einem erst kürzlich erschienenen Artikel haben die Wissenschaftler:innen Brian D. Sharp und Sara Johnsdotter dargelegt, warum die neueste Gesetzgebung zum Schutz vor Genitalverstümmelungen als ethisch und juristisch fragwürdig betrachtet werden kann.[139] »Der Terminus [›Weibliche Genitalverstümmelung‹] ist *unpräzise*, denn er vermengt verschiedenartige Verfahren, die von unterschiedlichen Gruppen auf unterschiedliche Weise und aus unterschiedlichen Gründen angewandt werden und sehr unterschiedliche Konsequenzen auf die Gesundheit und die Sexualität haben.«[140] Der Terminus sei falsch, weil er Verfahren subsummiere, wie z.B. das »rituelle Einschneiden oder Einstechen, bei dem keine Entfernung von Gewebe erfolgt, und daher keine dauerhafte Schädigung, wie auch häufig keine sichtbaren morphologischen Veränderungen der äußeren Geschlechtsorgane der Frau verursacht werden.«[141]

Zudem disqualifiziere die Bezeichnung »Verstümmelung« die Motive jener, die die operativen Eingriffe durchführten oder erlaubten, da sie »eine Absicht der Schädigung oder Entstellung unterstellt: Niemand, egal welchen kulturellen Hintergrundes, der für ihr – männliches, weibliches oder intersexuelles – Kind um eine Genitalbeschneidung ansucht, würde akzeptieren, dass man von Verstümmelung spricht, sondern – ob nun zurecht oder nicht – behaupten, es handle sich um Therapie oder Linderung.«[142]

Erinnern wir uns daran, dass gemäß den heute geltenden medizinischen Normen ein Körper genetisch als »männlich« definiert wird, wenn er das Chromosomenpaar XY aufweist, und der Körper als »weiblich« bezeichnet wird, bei dem eine Paarung XX vorliegt.

Als »intersexuell« bezeichnete Kinder (eine ebenfalls harsch kritisierte Qualifikation) werden zumeist noch vor Beginn der Vorpubertät Operationen unterzogen. Wenn das »intersexuelle« Neugeborene nach einer entsprechenden Chromosomenanalyse z.B. als genetisch weiblich eingeordnet wird, dann dient der operative Eingriff dazu, Genitalgewebe, das mit einem Penis verwechselt werden kann, zu entfernen. Die Rekonstruktion der Vulva (und damit auch der Klitoris) beginnt im Allgemeinen ab einem Alter von drei Monaten. Wenn das sichtbare Organ einer Mischform aus Penis und Klitoris ähnelt, dann impliziert dies in der Mehrheit der Fälle eine Umwandlung der Klitoris in einen Penis.

Die Frage ist also, bis zu welchem Grad man Eingriffe an den Geschlechtsorganen eines Kindes als »normal« ansehen kann.

Ein anderes Argument, das von den Autor:innen gegen die Bezeichnung »Verstümmelung« vorgebracht wird, betrifft den Umstand, dass sie niemals auf die nicht minder invasiven westlichen Formen der Verstümmelung angewandt wird, wie »etwa die ›kosmetische‹ Labio- oder Nymphoplastik, wie sie bei jungen Erwachsenen in den USA, Großbritannien und anderswo immer mehr in Mode kommen«.[143]

Ebenso merken sie an, dass in der Gesetzgebung und offiziellen Politik, ja selbst in der medizinischen Fachliteratur die »Sprache der ›Verstümmelung‹ für alle nicht-westlichen Formen medizinisch unnötiger Beschneidungen weiblicher Genitalien – unabhängig von ihrer Schwere, Absicht oder ihrer Folgen – angewandt wird, wohingegen dies auch in Fällen medizinisch nicht notwendiger Eingriffe an intersexuellen Menschen oder auch im Fall von männlicher

Beschneidungen [male genital cutting (MGC)] nicht zu beobachten ist.«[144]

Warum also nicht die Gleichung Exzision = (weibliche) Beschneidung umkehren und die Beschneidung als eine Form der (männlichen) Exzision betrachten?[145] Auch die männliche Beschneidung berge die Gefahr von Infektionen, von Herpes oder neurologischen Komplikationen, auch sie werde mit nicht sterilisierten Instrumenten und ohne Betäubung durchgeführt und habe Auswirkungen auf das Sexualleben. Warum hat man aber in Frankreich die gegen Ende der 1950er Jahre zugelassene Gleichsetzung von Beschneidung und Exzision untersagt? Ist das Verbot wirklich gerechtfertigt?

Die Bezeichnung »Verstümmelung« sei gar dazu angetan, der Lust zu schaden, denn sie kann in der Tat Frauen unnötig stigmatisieren und sich somit negativ auf das Selbstbild und Selbstwertgefühl auswirken und die Gefahr von Traumatisierungen erhöhen. Viele verurteilen sie als herabwürdigend. So kommt es vor, dass junge sogenannte »exzisierte« Frauen »ohne Klitoris« in westlichen Ländern (denen allein diese Bezeichnungen entstammen) einen Komplex ausbilden und denken, ihnen sei es während ihres ganzen Lebens verboten, Lust zu empfinden, »auch wenn dies nicht notwendigerweise der Fall ist«.[146]

Was also löscht die Lust aus? Die Verstümmelung durch die Tat oder jene durch die Sprache?

Die Verstümmelung löscht die Lust aus, negiert sie: Lassen sich diese beiden möglichen Bedeutungen, in dem kaum wahrnehmbaren Abstand, der sie voneinander trennt, überhaupt aufrechterhalten? Gibt es also so etwas wie eine Distanz der Sprache, eines Satzes zu sich selbst? Wie (nicht) die Verurteilung weiblicher Geschlechtsverstümmelung und Genitalverstümmelung wahrnehmen und zugleich die Zurückweisung dieser Verurteilung selbst?

»Wie soll man die Richtigkeit oder die Gerechtigkeit der Argumente zum Ausdruck bringen?«, fragt Delphine Gardey. »Muss man, wenn man dieser Differenz und dem Kampf gegen den Neokolonialismus zum Respekt verhelfen will, auf einem Auge blind oder unmenschlich sein? Verbietet sich jedes Engagement angesichts der schwerwiegenden Folgen, die es für manche hat? Kann man Aktivist:in sein, ohne zugleich die Kultur anderer zu verachten oder zu verurteilen? Gibt es alternative Formulierungen, die nicht in Sackgassen führen? Bedeutet, die weibliche Geschlechtsverstümmelung zu kritisieren, westlich dominierte Normen aufzuzwingen? Und bedeutet umgekehrt, dies nicht zu tun, Praktiken wie die Exzision gutzuheißen und ihre fortgesetzte Anwendung zu unterstützen?«[147]

Verlangt uns der Feminismus von heute eine Art von Schizophrenie ab?

12.

Technologisch veränderte Körper: Paul B. Preciado und der Transfeminismus

»Du versuchst, m/ir m/eine Brüste auszurupfen. Sie leisten dir Widerstand. Du berührst m/eine grüne Blase. I/ch vergehe vor Langeweile, i/ch beklage m/ich, i/ch falle in einen Abgrund, m/ein Kopf wird mitgerissen, m/ein Herz reicht bis an den Rand m/eines Gebisses, es scheint m/ir, als gefröre m/ein Blut in m/einen Adern.«
Monique Wittig, *Le Corps lesbien*[148]

Es gibt keine unversehrten Körper, Körper, die von Natur aus wären, was sie sind und deren Identität keinerlei Transformation erführe. Der Unterschied zwischen Transformation und Verstümmelung ist vielleicht gar nicht so groß. Das sind die Themen, um die sich das Werk des transfeministischen Philosophen Paul B. Preciado dreht. Von *Kontrasexuelles Manifest* über *Testo Junkie* bis hin zu *Ein Apartment auf dem Uranus* und *Ich bin das Monster, das zu euch spricht*[149] hat Preciado die enge biologische und technologische Verschränkung im Zuge der Verwandlung seines Körpers und seines Geschlechts und die Veränderungen seiner psychischen Verfassung beschrieben sowie die plastische

Konstitution seiner Identität reflektiert, die aus Beatriz, die er/sie zu Beginn war, zu Paul werden ließ: »Queer bin ich geworden, als AIDS Tausende von uns dahingerafft hat. Als Hormone zu einem politischen Problem wurden, schloss ich mich der Transgender-Bewegung an. Die vergangenen acht Jahre waren für mich ein Übergang, während dem ich sukzessive und in geringen Dosen ein Testosteron-Gel benutzt habe, um mein Geschlecht einer ›Frau-in-Richtung-Mann‹ auszuformen. Doch seit sechs Monaten nun habe ich das Tempo erhöht und spritze mir alle zehn Tage Testosteron. Auch habe ich meinen Namen nun in ›Paul‹ geändert. Meine Beinbehaarung beginnt zu sprießen. Mein Gesicht ist zu jenem von Paul geworden. Das politische Subjekt besteht aus Sprache und Biomolekülen.«[150]

2017 nahm Preciado offiziell das männliche Geschlecht an, auch wenn er sich weder als Frau noch als Mann ansieht und sich aus diesem Grund als »nicht-binär« bezeichnet. In diesem Werk, diesem Werdegang, diesem Körper ist alles in ständiger Neuerfindung, zerbersten die Dichotomien. So auch die Dichotomie zwischen Cis- und Transgender. Mittlerweile wurde die Bezeichnung *zissexuell*,[151] um Personen zu bezeichnen, bei denen körperliche und persönliche Identität nicht voneinander abweichen, durch die in den Nullerjahren aufgekommene Bezeichnung *cisgender* abgelöst. Ein Cis-Mann, eine Cis-Frau sind also ein Mann oder eine Frau, bei dem/r sich das angeborene körperliche Geschlecht und das gesellschaftliche Geschlecht in Übereinstimmung befinden. Weiter gefasst als die Kategorie des Transsexuellen, werden unter Transgender Individuen bezeichnet, bei denen das bei Geburt zugewiesene Geschlecht von der Geschlechtsidentität abweicht. Das lateinische *cis* bedeutet »diesseits, innerhalb«, während *trans* die Bedeutung »jenseits, darüber hinaus« trägt.

In Wirklichkeit gibt es natürlich nicht nur zwei Seiten, sondern eine Vielzahl von Seiten, Neigungen, Formen und Grenzen. Eine Vielzahl von Geschlechtern, ja sogar von Klitorides. Ohnehin *hat* man sein Geschlecht nicht, ist es doch vielmehr das Geschlecht, das vom Subjekt Besitz ergreift, es wie eine Maschine in Bewegung versetzt. Diese Maschine ist ein Netz rationaler, biomedizinischer und kultureller Normen, welche die heterosexuelle Ordnung unablässig durcheinanderbringen. Welche Frau hat nicht schon einmal ihren Körper Veränderungen ausgesetzt, indem sie Östrogen oder Progesteron eingenommen hat? Ist eine Cis-Frau nicht immer auch schon eine Trans-Frau, wenn sie die Pille oder während der Menopause Hormonsubstitute einnimmt – um nur naheliegende Beispiele zu nennen? So betrachtet ist der Transfeminismus nicht eine Frage von Frau oder Mann, sondern vielmehr eine »der Anwendung von Technologien wie Antibabypille, Testosteron, Viagra oder Truvada«.[152] Heute ist »eine somapolitische Revolution im Gange, eine Revolte aller vulnerablen Körper gegen die Unterdrückung durch diese Technologien. Vom Denken Donna Haraways inspiriert, ist das transfeministische Subjekt nicht mehr Mann oder Frau, sondern der mutierte Hacker. Die Frage ist nicht: ›Wer bin ich?‹, ›was ist mein Geschlecht oder meine sexuelle Identität?‹, sondern: ›Wie funktioniert das?‹, ›Wie lässt sich in die Funktionsweise eingreifen?‹ Und vor allem: ›Wie geht es andersherum?‹«[153]

Um es noch einmal zu betonen: Es gibt keinen unversehrten Körper, keinen Körper, der von Artefakten oder pharmakologischen Prothesen unberührt bleibt. Insofern ist jeder Körper brüchig, nicht nur jener der Frau, anfällig, weil produziert – und also versehrt.

Obwohl Preciado die biopolitischen Entwicklungen anprangert, hegt er keinen Groll gegenüber der Biologie. Auch wenn das Geschlecht etwas konstruiertes ist, so tilgt es seiner Ansicht nach niemals die physiologische, glanduläre, epigenetische Materialität und Empirie des Sexuellen. Diese Materialität ist alles, und sie liegt am Beginn der Genese des Geschlechts. Was ist die Materialität eines Körpers? Judith Butler ist dieser Frage in ihrem Buch *Körper von Gewicht*[154] nachgegangen. Für Preciado ist das Geschlecht in der körperlichen Konstellation des Sexuellen, des Bluts, der Eingeweide, der Organe eingeschlossen. Deshalb ist das Geschlecht auch nicht einfach nur performativ. Es ist ein reines Konstrukt und zugleich ganz und gar organisch. Seine fleischliche Plastizität bringt die Unterscheidung zwischen Imitator und Imitat, Wahrheit und Vorstellung von Wahrheit, Referenz und Referent, Natur und Künstlichem, Sexualorganen und Sexpraktiken durcheinander.

Es ist der Sex, der die Zirkulation zwischen der symbolischen und der materiellen Dimension des Körpers möglich macht. Einerseits ist der »Sex eine Technologie«,[155] andererseits existiert er nicht ohne »bestimmte Organe« und »bestimmte anatomische Reaktionen«.[156] Einerseits ist das Geschlecht die Fabrik des Sexes, andererseits wirkt sich der Sex auf das Geschlecht aus, schickt ihm chemische Botenstoffe, übermittelt ihm Impulse. Das sinnliche Gewebe des Körpers verschwindet also nie. In Bezug auf seine neue »maskuline« Stimme erklärt Preciado: »Mit dieser produzierten, und doch biologischen Stimme, dieser fremden und doch gänzlich mir gehörenden Stimme, wende ich mich heute an Sie, liebe Mitgliederinnen und Mitglieder der Akademie.«[157]

Wer sind diese Mitglieder:innen der Akademie? *Ich bin ein Monster, das zu euch spricht* ist der Text eines Vortrags, gehalten vor 3500 französischen Psychoanalytiker:innen, die 2017 zum Thema »Die Frauen und die Psychoanalyse« zusammengekommen waren. Die Kämpfe um den Transfeminismus waren ihnen wahrscheinlich fremd. »Meine Rede«, sagt Preciado, »hat in dem Kongresszentrum, in dem ich meinen Vortrag gehalten habe, ein wahres Beben ausgelöst. Als ich gefragt habe, ob im Saal ein/e homosexuelle/r, trans- oder nicht-binäre Psychoanalytiker:in anwesend sei, war da ein, nur von einigen irren Lachern unterbrochenes Schweigen. Als ich forderte, die psychoanalytischen Institutionen sollten angesichts der gerade vor sich gehenden Veränderungen in der Epistemologie von Geschlecht und Sex Stellung beziehen, hat die Hälfte der Anwesenden nur gelächelt, andere wiederum brüllten dazwischen oder forderten mich auf, den Raum zu verlassen.«[158]

Wieder andere pochten auf die angebliche Irreduzibilität der Geschlechterdifferenz. »Erzählen Sie mir nicht«, so Preciado, »die sexuelle Differenz sei bei der psychoanalytischen Ausformulierung der Struktur des psychischen Apparats nicht entscheidend. Das ganze Theoriegebäude Freuds ist von der patriarchalen Position der Maskulinität her gedacht, ausgehend von einem maskulinen, heterosexuellen Körper, der sich als Körper mit einem zur Erektion, Penetration und Ejakulation fähigen Penis definiert. Das ist der Grund, warum die ›Frauen‹ in der Psychoanalyse, diese seltsamen Tiere mit einem (manchmal) fortpflanzungsfähigen Uterus und einer Klitoris, immer noch ein Problem darstellen, und das ist auch der Grund, warum Sie es auch noch im Jahr 2019 als nötig erachten, eine Tagung speziell über die ›Frauen in der Psychoanalyse‹ abzuhalten.«[159]

Eine erstaunliche, fünfzig Jahre umfassende Reise um die Welt, die Psyche und den Körper. Seit Doltos Vortrag vor dem »Kongress über weibliche Sexualität« bis zum Kongress »Die Frauen und die Psychoanalyse« ist alles ganz anders, und doch hat sich nichts geändert.

13.

»Mea vulva, mea maxima vulva«

Nymphomaniac

Nymphen 4

Der Film *Nymphomaniac* von Lars von Trier wurde nicht gut aufgenommen. Wegen als schockierend, unnötig provokant und blutrünstig eingeschätzter Szenen zensiert, entspricht die bekannte, gekürzte Fassung nicht dem Original. Der Film ist in zwei Teilen komponiert: *Nymphomaniac I* und *Nymphomaniac II*. Die Protagonistin, eine Frau namens Joe (eine Hommage an den Song »Hey Joe« von Jimi Hendrix) erzählt ihre Geschichte in mehreren »Kapiteln« einem Mann namens Seligman. Der ganze Film ist eine Rückblende ihrer Unterhaltungen.

Nachdem sie ihren Nachbarn Jérôme darum gebeten hat, sie zu entjungfern, entdeckt die junge Joe, die Tochter eines Botanikers, zu dem sie ein sehr enges Verhältnis hat, rasch ihre Nymphomanie. Sie treibt daraufhin mit einer Vielzahl an Liebhabern, meistens auch noch gleichzeitig, ihr Spiel und heiratet schließlich Jérôme, dem sie nach einigen Jahren per Zufall erneut begegnet ist. (Gerne würde ich mich länger mit der Szene befassen, in der die betrogene Ehefrau (Uma Thurman), mit der er zwei Söhne hat, ihm ihre Verzweiflung entgegenschreit, während er sich über sie lustig macht.) Die erste Zeit der Ehe verläuft glücklich, das Sexualleben mit Jérôme ist perfekt. Doch dann endet Joes Lustempfinden auf brutale Weise: »Ich spüre nichts mehr«, sagt sie. »Auf einmal«, berichtet sie Seligman, »ist mein sexuelles Empfinden komplett weg, meine Möse spürt nichts mehr.«

Gleich nach der ihn anwidernden Geburt durch einen Kaiserschnitt wendet sich Jérôme von dem gemeinsamen Sohn Marcel ab. Mit Jérômes Zustimmung versucht Joe erneut, durch unzählige anonyme erotische Begegnungen (wie in jener als so schockierend empfundenen Szene mit zwei Schwarzen) ihre Lust wiederzuerlangen. In Ekstase gerät sie aber nur mit einem Unbekannten, einem seltsamen Prostituierten, der Frauen gegen Bezahlung schlägt, während er ihnen jeden Geschlechtsverkehr verweigert. Ohne die wahre Identität seiner Kundinnen zu kennen, nennt er sie bei selbst gewählten Vornamen. Joe ist »Fido«. In einer Szene sieht man sie, wie sie sich quer über die Sofalehne gekrümmt, gefesselt, kopfunter, unter den Hieben der Peitsche und des Knotenseils ihren nackten Hintern zerfetzen lässt. Die Lust kehrt auf intensive Weise zurück. Für die Beziehung mit Jérôme bedeutet das das Ende. Das Paar trennt sich, und Marcel wird in die staatliche Fürsorge gegeben.

Von nun an muss Joe ihren eigenen Lebensunterhalt verdienen, doch erweist sich ihre sexuelle Obsession als unvereinbar mit ihrer Arbeit. Da sie auch Affären mit Arbeitskollegen hat, zwingt ihre Chefin sie, sich einer Therapie zu unterziehen. Zunächst nimmt sie an Gruppentherapien nach Art der anonymen Alkoholiker teil, bei denen die »Patientinnen« (bizarrerweise alles Frauen) jede Wortmeldung nach dem Muster »Ich bin süchtig nach diesem oder jenem« beginnen müssen. Joe fügt sich zunächst dieser Regel und sagt: »Ich bin süchtig nach Sex.« Lieber hätte sie gesagt: »Ich bin Nymphomanin«, doch das wird ihr von der Therapeutin untersagt. Der Unterschied zwischen »sexsüchtig« und »nymphomanisch« wird nicht begründet, sondern einfach eingefordert. Ist es also korrekter, von Sexsucht zu sprechen? Man müsste diesen uns neuerdings auferlegten Begriff der Sexsucht genauer untersuchen. Was ist daran neu? Was unterschlägt er im Unterschied zur Nymphomanie? Kann man wirklich von Sexsucht sprechen, wie man etwa von Heroinsucht spricht? Wie dem auch sei, wie Joe finde ich diesen Ausdruck jedenfalls lächerlich.

Nachdem sich Joe zunächst dem Regime dieser neuen, politisch korrekten Terminologie gefügt hat, revoltiert sie in Folge gegen ihre Therapeutin. Sie verlässt die Gruppe und schreit den anderen Teilnehmerinnen ihre Verachtung ins Gesicht, laut und deutlich bekennt sie, eine Nymphomanin zu sein.

Später wird Joe dann von einer mafiösen Vereinigung kontaktiert, die von ihrem sadomasochistischen Talent und ihrer angeblichen Verruchtheit erfahren hat und ihr einen Job anbietet, um Schuldner zur Zahlung zu zwingen. Ihre Aufgabe besteht darin, in Begleitung zweier Handlanger die Schuldner zum Geständnis ihrer geheimsten Phantasien zu bringen, um sie sodann körperlich und psychisch unter Druck setzen zu können. Ihr »Chef« fordert sie auf, mehr über eine Jugendliche namens P in Erfahrung zu bringen und herauszufinden, ob diese geeignet wäre, dieselbe Arbeit zu verrichten. Mit diesem sehr jungen Mädchen wird Joe dann eine erotische Beziehung beginnen.

Es wird klar, dass Jérôme ebenfalls Schuldner dieser Mafia ist. P soll ihn zu einem Geständnis bringen und so zur Zahlung zwingen, doch sie verliebt sich in ihn. Beide beginnen zum Schrecken von Joe eine Affäre.

Joe, die sagt, sie habe außer ihrem Vater gegenüber niemals Liebe empfunden, begreift, dass sie wohl in Jérôme wie auch in P verliebt ist und dass sie nichts gegen ihre Eifersucht tun kann. Eines Abends folgt sie den beiden Verliebten in eine Unterführung. Dort versucht sie, Jérôme umzubringen, doch der Revolver klemmt. Jérôme traktiert sie mit Schlägen, vögelt dann vor ihren Augen mit P und lässt Joe am Boden liegend zurück. Bevor sie die Unterführung verlässt, uriniert P auf ihren Körper. Hier nun *pisst* die Nymphe.

Ein Mann, der ebenfalls die Unterführung genommen hat, findet sie und sammelt sie auf. Es ist Seligman. Er rettet Joe. Joe erzählt ihm ihre Geschichte. Seligman kommentiert die Äußerungen Joes, wobei er sich systematisch auf Schlüsselmomente der abendländischen Geschichte bezieht, Bezüge zu Musik, Malerei, Mathematik, zur Tradition von Fischfang und Jagd herstellt.

Joe offenbart ihm, dass sie mit ihrer Vergangenheit brechen und von nun an in vollständiger sexueller Abstinenz leben will. Seligman hört ihr sehr verständnisvoll zu. Nichtsdestotrotz und auf völlig überraschende und schrecklich enttäuschende Weise versucht er sie, während sie schläft, zu penetrieren. Dieses Mal klemmt der Revolver nicht.

Der Film ist von einer seltenen Intensität, und ich finde, dass ihn jene, die ihn so sehr verunglimpft haben, nicht verstanden haben. Ein erschütternder, großartiger, wenn auch – das stimmt – brutaler Film mit einer erstaunlichen Charlotte Gainsbourg. Der Realismus der Gewalt ist – wie immer bei Lars von Trier – so unerträglich wie unabweisbar.

Eben weil das Thema sich in keiner Weise in eine Erzählung fügt, ist es wichtig, auf ein Detail der Geschichte hinzuweisen. Der Abstand zwischen dem bloßen Faktum einer als Hölle beschriebenen Sexualität und dem Lebensweg einer Frau bildet die ganze Intensität des Films. Grund dafür ist, dass der Werdegang Joes nicht einfach narrativer, sondern vor allem morphologischer Natur ist. Weit entfernt vom üblichen Muster eines »Das sexuelle Leben der…« unternimmt es *Nymphomaniac*, die Entwicklung eines Körpers von früher Kindheit an bis ins Erwachsenenalter in scharfem Widerspruch zu seiner Sexualität zu zeigen. Fünf Schauspielerinnen verkörpern Joe. Ronja Rissmann ist Joe mit 2 Jahren, Maja Arsovic ist Joe mit 7, Ananya Berg mit 10, Stacy Martin ist Joe im Alter zwischen 15 und 30 Jahren und Charlotte Gainsbourg verkörpert sie zwischen 30 und 40. Fünf Joes verschwimmen ineinander und erzeugen schwindelerregende wechselseitige Resonanzen.

Die Morphologie der sexuellen Dissonanz kreist um das Rätsel des plötzlichen Aussetzens der Lust, einer Lust, die von diesem Moment an in weiter, sehr weiter Entfernung, in einer noch jenseits des Sadomasochismus liegenden Gewalt gesucht werden muss. Derart weit entfernt, dass die Suche auf eine Art paradoxe Heiligkeit trifft. Die Figur des Seligman erscheint während dieser absoluten Suche nach dem Absoluten wie ein Wink Gottes. Das Aussetzen der Lust materialisiert sich in einer Wunde: der Wunde der Klitoris.

Über mehr als vier Stunden hinweg sieht man genau einmal eine Klitoris – und zwar auf einer anatomischen Tafel. Doch ist das wirklich eine Klitoris oder nicht einfach die Ritze zwischen den Schamlippen? Es ist nicht klar. Einige Nahaufnahmen bleiben an Joes Hintern hängen, wie sie bei ihrem Peiniger gefesselt liegt, und lassen ihr von hinten gefilmtes Geschlecht sehen. Einmal wird ein Cunnilingus in Nahaufnahme gefilmt. Doch das einzige sichtbare Vorkommnis der Klitoris in einer realen Szene ist eben jenes einer Wunde. Joe bemerkt eines Tages auf der Toilette, dass ihre Klitoris blutet. »Meine Klitoris beginnt immer öfter zu bluten.« Und als P das erste Mal mit ihr schlafen will, wehrt sich Joe und sagt: »Ich habe eine Wunde.«

Warum dieses Bluten? Welcher sexuelle Missbrauch könnte die Ursache sein? Ist es eine Folge der Peitschenhiebe? Das ist angesichts der Position wenig wahrscheinlich. Ganz offensichtlich handelt es sich um eine symbolische Wunde. Die leere Zone der Zwangshandlung. Als ob die Klitoris auf schmerzhafte Weise unberührbar bleibt. Geheiligt und verfemt. Opfer einer alles verschlingenden, niemals satten Vagina – in einem Restaurant führt sich Joe auf Jérômes Verlangen ein Dutzend Dessertlöffel ein – badet die Klitoris im Blut ihres Rätsels.

Das Geniale an diesem Film ist, die Nymphomanie an das Fehlen von Lust und an die Wunde gebunden zu haben. Die Sexualität ist die Erfahrung einer körperlichen, sozialen, moralischen, psychischen Gewalt. Einsamkeit, Absonderung, Verstoßung, Gleichgültigkeit, Trennung. Nur die Gewalt führt zum Orgasmus.

Seligman vergleicht Joe mit der beim Fliegenfischen benutzten Nymphe. Die Nymphe ist ein Köder, der aus einem mit Ross- oder Wollhaar umwickelten Kügelchen und Bleifaden besteht. Das Mädchen Joe ist die Nymphe, die hübsche Sirene, die nicht weiß, dass in der Mitte ihres Körpers an Stelle der Klitoris ein kleiner Haken versteckt ist.

In *Nymphomaniac* ist die Nymphe nicht die Muse, weder das Ideal noch das Bild, sondern das Elend eines Körpers, der den Tod der Lust in sich trägt. Es wurde gesagt, es gehe Lars von Trier um Sex nicht um Geschlecht. Ich finde diese Kritik nicht überzeugend (ist Joe nicht ein binärer Vorname?). Wie in allen seinen Filmen hält er an der Grenze von Frau und Weiblichkeit inne, an einer verwundeten Differenz, einem Organ, das man niemals anders denn als Negativ oder in einer Durchsicht sieht.

Zögerlich bin ich in Bezug auf die Entscheidung, die Lösung für die Qualen der Lust in einer endgültigen Abstinenz zu suchen. Vielleicht ist von Triers Gedanke, dass eine Lösung für eine negierte Lust nur in einer noch stärkeren Negation der Lust liegen kann.

14.

Zonen der Ekstasen des Realen

»Das Weibliche ist für den Feminismus, was die Farbe Lila für den Lavendel ist.«[160]

In meinem Buch *Den Unterschied ändern. Die Frage nach dem Weiblichen in der Philosophie*[161] habe ich von meinen Erfahrungen als Philosophin berichtet, meinen Denkweg analysiert und meine Textpraxis erläutert.

Es war mir wichtig, die Auswirkungen zu beschreiben, die der Eintritt in den Kreis einer so mächtigen Geistesdisziplin – wobei die Philosophie nur ein mögliches Beispiel ist – auf die Sexualität und das Geschlecht einer frischgebackenen Universitätsabsolventin haben kann. Ich glaubte, und glaube noch immer, dass diese Erfahrung jenseits alles Subjektiven oder gerade wegen ihrer Subjektivität erhellend sein kann. Die Zeit war reif, nicht mehr daran zu glauben, dass Philosophieren und »vom Geschlecht befreien« zusammengehen können. Mit Irigaray ist mir klar geworden, dass »Sprechen niemals neutral ist«.[162] Ich durfte mich nicht länger hinter einer vorgeblichen Asexualität des philosophischen Subjekts verstecken, das häufigste von Frauen vorgebrachte Argument, um mit diesen testosterongetränkten Kategorien, die den traditionellen philosophischen Diskurs ausmachen, klarzukommen.

Ich muss sagen, dass mich heute weniger die Treibjagd nach Phallozentrismen in Texten interessiert als vielmehr die Erforschung der somatischen Ausgestaltungen der Philosophie. Anders als gemeinhin angenommen, formt diese durchaus die Körper. Ich habe dies andernorts in Hinsicht auf die Beziehung zwischen dem Denken und seinem Organ – dem Gehirn – zu zeigen versucht. Die Philosophie bearbeitet die Körper nicht nur gemäß ihren orthopädischen Zielen. Sie ist nicht nur ein Abrichten, vielmehr formt sie auch eine Erotik, die neue Verbindungen zwischen geistigen und libidinösen Energien zu schaffen vermag. Ich spreche hier nicht von einer idealisierten oder metaphorischen Sexualität, sondern von den sexualisierenden Wirkungen des Diskurses selbst.

In die Philosophie einzutreten und in meinen Körper zu schlüpfen, mündete schließlich in ein und derselben Erfahrung. Es liegt auf der Hand, dass mein Körper nicht mehr der gleiche ist als zu jener Zeit, da ich meinen Denkweg begann. Vielmehr habe ich nun mehrere. Ich könnte also sagen: »Der Eintritt in die Philosophie und das Hineinschlüpfen in meine Körper sind ineinander übergegangen«. Die Bemühungen, meine Lust fluider zu machen, meine »sexuellen Beziehungen« um andere Partner zu erweitern, nicht nur reale, sondern auch virtuelle, logische, textliche, haben auch mein Geschlecht geformt, sie haben es in Schwingungen versetzt, es erzittern lassen, es in einer zuvor nicht dagewesenen Art und Weise, die nichts mit Sublimation zu tun hat, aufleben lassen.

Nun ist es nicht so, dass es hier meinen nicht-binären Geist und dort meinen klitoralen Körper gäbe. Das intellektuelle Nicht-Binäre ist das Gegenteil einer Desexualisierung. Ebenso ist die klitorale Libido nicht vom Intellekt zu trennen. Meine Klitoris ist zur gleichen Zeit wach wie mein Gehirn, die Frontlinie erstreckt sich von einer Extremität meines Körpers zur anderen. Seltsamerweise stellt mich diese Linie vor die Herausforderung, mich sexuell zu »identifizieren«, während die verfügbaren Kategorisierungen dafür immer durchlässiger werden.

Früher war ich, gemäß den ziemlich konventionellen Normen, denen anzuschließen mir nicht gelang, ein Mädchen. Philosophie war für mich damals wie heute der Erfolg dieses Scheiterns. Es war die Philosophie, die mich diesen Zweifel über meine Weiblichkeit gelehrt hat, was zu einer Vervielfachung meiner Geschlechter geführt und einen erneuten Zweifel an meiner Weiblichkeit genährt hat. Nachdem meine Klitoris bereits eine doppelte Existenz geführt hatte, eine anatomisch sexuelle und eine gesellschaftlich geschlechtliche, hat die Philosophie mit einer transsexuellen Klitoris dieser noch eine politische hinzugefügt.

Das Feminine erscheint mir die am wenigsten ungeeignete Bezeichnung zu sein, um diese Situation zu beschreiben. Eine Weiblichkeit, ein Feminines jenseits sexueller Differenz und Heteronormativität, eine Weiblichkeit der *Subjektivierung*. Ich teile die Kritik an den Wörtern »weiblich« oder »feminin« nicht. Ich teile die Auffassung nicht, dass sie – im Gegensatz zu einem Transfeminismus – mehr einer Identitätspolitik verhaftet seien als dass sie am Prozess einer Ent-Identifizierung teilhaben. Jacques Rancière hat recht, wenn er schreibt: »Jede Subjektivierung ist eine Ent-Identifizierung, das Losreißen von einem natürlichen Platz, die Eröffnung eines Subjektraums, in dem sich jeder dazuzählen kann, da es ein Raum der Zählung der Ungezählten [...] ist.«[163] »›Frau‹ ist in der Politik das – entnatürlichte, entweiblichte – Subjekt einer Erfahrung, das den Abstand zwischen einem anerkannten Anteil [...] und der Abwesenheit eines Anteils misst.«[164]

Mir ist klar, dass es eine ebenso schwierig zu erfassende wie zu vermittelnde Tatsache ist, doch Frau und Weiblichkeit gehen nicht vollständig ineinander auf. Es ist die über die Frau hinausgehende Weiblichkeit, eine Plastizität des Geschlechts über das Geschlecht hinaus, für das die Klitoris ein Gefühl schafft. Ihre Komplizenschaft mit dem Weiblichen hängt mit etwas zusammen, dass es beiden ermöglicht, trotz aller Negation und Verstümmelung, trotz aller Gewalt, die ihnen angetan wird, als unzerstörbare Wiedergänger fortzuleben. Beide markieren einen leeren, aber offenen Ort.

Ich glaube, dass es eine Verständigung zwischen den Feminist:innen, oder zumindest ein Zuhören nur an diesem Ort geben kann. Ich gebe drei Beispiele.

Die radikale italienische Feministin Silvia Federici, Autorin des weithin bekannten *Caliban und die Hexe,*[165] sah sich heftiger Kritik ausgesetzt, als sie in ihrer jüngsten Publikation *Beyond the Periphery of the Skin*[166] sowohl die Gendertheorie als auch den Transfeminismus dafür kritisiert hatte, die Frage des Weiblichen auszublenden. Ich verteidige gar nicht ihre Position, doch glaube ich, ihre Frustration und ihr Leiden zu verstehen. Indem sie an die auf der ganzen Welt an Frauen verübte Gewalt erinnert, warnt sie davor, dass eine Aufgabe der ›Frau‹ als politisch-analytische Kategorie zum Tod des Feminismus führt.[167]

Sicherlich kann man eine solche Äußerung, die Gefahr läuft, eine Erfahrung der Unterdrückung zu universalisieren, in Frage stellen.[168] Doch wie Mara Mantanaro in ihrer schönen Rezension des Buches betont, geht es bei Federici in Wirklichkeit weit mehr um das Weibliche als um die Frau. »Der Körper der Frau«, schreibt sie, »ist ein Feld sich überschneidender materieller und symbolischer Kräfte und kein anatomisches Schicksal. Der wesentliche Einsatz der feministischen Revolte bestand darin, das Weibliche zu *denaturalisieren*, das heißt, das, was eine Frau sein kann und ausmachen soll, von der Natur zu befreien.«[169] Wieder einmal kann sich das Weibliche nur in der Folge einer Denaturalisierung der Frau definieren. Die ständige Angst ist irreduzibel, die Gewaltakte, die es auslöschen wollen, machen es sogleich zu einem Phantomglied. Wie eine abgeschnittene Klitoris. Deshalb erzeugt die Negation des Weiblichen Leid. Ich teile mit Federici die Skepsis gegenüber einem von der Weiblichkeit abgeschnittenen Feminismus.

Die Schwäche von Federicis Argumentation liegt in ihrer Annahme, Gendertheorie und Transfeminismus seien nicht von einem solchen Skeptizismus betroffen und das schemenhafte Fortbestehen des Weiblichen könnte einfach so vom Tisch gewischt werden.

Eine zweite Stimme: In *Ich bin ein Monster, das zu euch spricht* schreibt Preciado: »Ich habe mich dafür entschieden, keine Frau mehr zu sein. Warum ist die Preisgabe der Weiblichkeit nicht zur grundlegenden Strategie des Feminismus geworden?«[170] Diese Erklärung steht allem Anschein nach im Gegensatz zu jener von Federici. Doch Preciado spricht hier von der Frau und nicht vom Weiblichen. Trauer zu tragen und sie hinter sich zu lassen, läuft nicht auf dasselbe hinaus. Paul hat die Weiblichkeit preisgegeben, aber nicht unbedingt das Weibliche, denn alle seine Bücher tragen Spuren einer Trauer. »Im Gegensatz zu dem, was die Medizin oder die Psychiatrie glauben und verkünden«, schreibt er, »habe ich nicht vollständig aufgehört, Beatriz zu sein, um Paul zu werden. Mein lebendiger Körper, ich sage nicht mein Bewusstsein oder mein Unbewusstes, mein lebendiger Körper, der in steter Veränderung und vielfältigen Entwicklungen alles umfasst, ist wie eine griechische Stadt, deren Gebäude sich auf unterschiedlichen energetischen Niveaus befinden und die Gegenwart transzendieren: eine lesbische postmoderne Architektur und schöne Art-Déco-Häuser, aber auch alte Landhäuser, unter deren Fundamenten die klassischen Tier- und Pflanzenfossilien, meist unsichtbare mineralische und chemische Substrate fortbestehen. Die Spuren, die das vergangene Leben in mein Gedächtnis gegraben hat, werden immer vielschichtiger, sie verbinden sich immer enger miteinander, sodass sie eine wahre Ansammlung lebendiger Kräfte bilden […]«[171] Was fortbesteht, ist stets lebendig, und das Weibliche nimmt ganz offenbar eine ganze Etage dieser Körperbibliothek ein…

Die dritte, sehr bezeichnende Reflexion hinsichtlich des schwierigen Verhältnisses zum Weiblichen stammt von Jack Halberstam. Der US-amerikanische Transgendertheoretiker analysiert das Ressentiment gegenüber den FTM-Transsexuellen (Female-to-Male), die von gewissen Lesben des »Verrats« bezichtigt werden, weil sie keine Frauen mehr sein wollen. Für »bestimme Lesben üben die FTMs Verrat an der ›Frauenbewegung‹, weil sie ihrer Meinung nach zum Feind überlaufen. Gewisse FTMs finden, der lesbisch-feministische Diskurs verteufle sie und ihre Männlichkeit. Gewisse *butches* halten die FTMs für *butches*, die viel zu sehr ›an die Anatomie glauben‹, und gewisse FTMs denken, dass die *butches* FTMs sind, die Angst davor haben, die Seiten zu wechseln.«[172]

Dieser bemerkenswerte Text zeigt, dass die »Preisgabe« eines Geschlechts auch in einem nicht-heterosexuellen Milieu eine sehr konfliktuelle Angelegenheit ist und zu einem regelrechten Krieg zwischen Queers und Transsexuellen führen kann. Zuvor hatte Halberstam die naive Frage gestellt: »Wie kommt es, dass in Zeiten transitiver Geschlechter, nachdem wir akzeptiert haben, dass Geschlecht eine soziale Konstruktion ist, Transsexualität zu einem derart weitreichenden Phänomen geworden ist?«[173] Führt Transsexualität zwangsläufig zu einer erneuten Bestätigung der Anatomie? Eine erneute Naturalisierung des sozialen durch das biologische Geschlecht? Halberstam fährt fort: »Auch ich zog in Betracht, anstatt ein Transsexueller zu werden, lieber eine nicht operierte Transvestitin zu bleiben.«[174] Diesen Gedanken finde ich äußerst interessant, denn Halberstam hat den Mut zu hinterfragen, was im Fall einer chirurgischen Operation genau preisgegeben wird, was verschwindet und was vom Weiblichen bleibt.

Man wird sagen, dass sich in Bezug auf das »Männliche« die gleichen Fragen stellen. Das aber stimmt überhaupt nicht. Dass sich Männlichkeit nicht notwendigerweise mit Virilität oder dem anatomischen Faktum deckt, steht außer Frage. Doch es gibt eine derartige Vielzahl an Studien, Analysen, künstlerischen und anderen Darstellungen, die sich mit eben dieser – virilen – Anatomie, mit der Logik von Männlichkeit generell befasst haben, dass man kaum von einer vergleichbaren Beschäftigung mit der weiblichen Anatomie, ihren Darstellungen und Schemata sprechen kann, die sich zudem meist in wenigen Klischees erschöpfen. Es existiert ganz offensichtlich ein Missverhältnis auf der Ebene der Sichtbarkeit, weshalb auch immer wieder das Phantom einer weiblichen Wirklichkeit bemüht werden muss.

Welchen Sinn kann speziell die Erfahrung der Philosophie in diesen Fragen heutzutage für Nichtphilosoph:innen haben? Ist sie doch anderen Bekenntnisformen, anderen Initiations-, Trauma- oder Übergangserzählungen vergleichbar. Und »ich« bin in diesem Fall nicht mehr ein »Ich« als jede:r andere. Niemand hat die Wahl. Der biologische Körper existiert nie nur für sich. Stets wird er aus seiner ursprünglichen

Hülle hinausgedrängt (Beauvoir spricht von einem »Transzendieren«), wird er durch Diskurse, Normen, Vorstellungen geformt. Ein Körper ist immer ein Dispositiv des Übergangs, des Kreislaufs, der Telepathie zwischen anatomischer Wirklichkeit und symbolischer Projektion. Wäre der Körper nur ein anatomisches Faktum, würde er keine seiner Verwundungen überleben. Stets muss er sich in der Welt halten, und diese Anpassungsleistung erfordert ein Herausgehen aus sich, die Konstruktion einer Ebene zwischen dem Biologischen und dem Symbolischen, zwischen Körper und dem Fleisch der Welt. Das Symbolische ist nicht das Grab der Materie, es ist deren Neuverortung. Für mich ist die Philosophie eine solche Ebene. Aber das ist nur ein Beispiel einer zu Neu-Identifikation führenden Ent-Identifizierung. Es gibt auch andere. Unzählige andere.

Für mich besteht die einzige Möglichkeit, den philosophischen Phallozentrismus auszuhalten, darin, die Nicht-Binarität der Philosophie zu bejahen, was nicht bedeutet, von ihrer Neutralität auszugehen. Diese Nicht-Binarität zeugt von ihrer Dekonstruierbarkeit. Die Dekonstruktion eines Begriffsgebäudes verläuft notwendigerweise über eine Stelle, die Derrida als »brüchigen Eckstein«[175] bezeichnet hat. In der Tat markiert dieser »Eckstein« in den Texten das Vorhandensein eines anderen Sexes, eines anderen Geschlechts. Dies wird allein aus den Texten heraus lesbar: eine klitorale Zone des *logos*.

Die Klitoris in den Texten markiert jene Stelle, an der die Philosoph:innen sich vergnügen und aufhören, ihr anatomisches Geschlecht ihrem sozialen Geschlecht gleichzusetzen. Man erkennt diese Stelle nicht immer sofort, denn der offizielle Kanon versucht sie natürlich, wenn auch erfolglos, auszuradieren. Im Abstand zwischen den Texten hat sich eine ganze Reihe von Formen eingenistet, die den Rahmen des abendländischen *logos* erschüttern, um ihn stets etwas weiter zu öffnen für fremde Körper und noch nicht verzeichnete Gestalten des Genießens.

Doch möchte ich hier keinen philosophischen Essentialismus betreiben. Noch immer gibt es unzählige Ebenen, die das Biologische an das Symbolische binden. Das Reale ist vollständig eingebunden in eine solche symbolische Projektion der Körper, es ist übersät mit klitoralen Zonen, ekstatischen Zonen, die den Freud'schen erogenen Zonen ähneln können, wenn man die Begrifflichkeit richtig wendet.

Und was erzählen uns diese ekstatischen Zonen des Realen?

Diese Frage erlaubt mir, eine Besorgnis in Bezug auf eine bestimmte, für meinen Geschmack allzu phallische Forderung an die Klitoris zum Ausdruck zu bringen. »Wie ein Subjekt werden und sich als solches zwischen potentem Penis und erigierter Klitoris behaupten?«, so lautete der Titel einer Nummer der Zeitschrift *Point[s] d'accroche [Blickfänge]*. Die Herausgeberinnen lassen in ihrem Beschreibungstext erkennen, dass die Klitoris noch immer in Begriffen der Macht gesehen wird.

»Erfordert die Subjektivierung notwendigerweise die gleiche ›Macht‹ wie jene, deren sich die männliche Herrschaft rühmt? Stellt das Maskuline also das einzige Modell dar, um sich als gesellschaftliches Subjekt behaupten zu können? Gibt es keine andere ›Lust‹ als die, die auf Macht, Beherrschung und Erektion basiert? Kann man sich keine Klitoris jenseits der Machtsphäre vorstellen (so wie Tiphaine Dee, die behauptet, die Klitoris sei noch mächtiger als der Penis, weil sie das einzige Organ des menschlichen Körpers ist, das mit einem Maximum an Nervenenden ausschließlich der Lust dient)?«[176]

Auch Preciado rekurriert in seinen Überlegungen mehrfach auf die Kriterien von Macht und Erfolg. Wenn man etwa sein *Ein Apartment auf dem Uranus* liest, ist man überrascht, der folgenden Metapher zu begegnen: »Wir fahren mit dem Auto die Bucht von San Francisco entlang, Annie Sprinkle sitzt am Steuer, und ich bin der Beifahrer, gemeinsam mit ihrem Hund, Butch. [...] San Francisco sei ›Amerikas Klitoris‹, sagt Annie Sprinkle, das kleinste und kraftvollste Organ des Landes. Von der hochelektrifizierten Bay Area gehen die digitalen Netzwerke aus, die die Welt verbinden. Einst brach hier der Gold Rush aus, heute ist es das kybernetische Fieber. Sex und Technologie. Sonne und Dollars. Aktivismus und Neoliberalismus. Innovation und Kontrolle. Google, Adobe, Cisco, Ebay, Facebook, Tesla, Twitter: Ein Drittel des US-amerikanischen Risikokapitals ist hier konzentriert.«[177]

Mir ist schlicht nicht klar, inwiefern sich eine solche Vision einer supermächtigen Klitoris von der eines stehenden Phallus unterscheidet.

Die »Klitoris Amerikas« erinnert mich an Roland Barthes' berühmte Unterscheidung von *studium* und *punctum* in der Photographie. Das *studium* informiert mich über den Gegenstand des Photos, »es läßt mich«, so Barthes, »den Intentionen des Photographen begegnen, in Harmonien mit ihnen eintreten, sie billigen oder sie mißbilligen, doch stets sie verstehen [...].«[178] Das *studium* ist von der eines Art »vage[n], oberflächliche[n], verantwortungslose[n] Interesse[s].«[179]

Doch dann ist da etwas, das das *studium* »durchbricht (oder skandiert). Diesmal bin nicht ich es, der es aufsucht [...], sondern das Element selbst schießt wie ein Pfeil aus seinem Zusammenhang hervor, um mich zu durchbohren. [...] Dieses zweite Element, welches das *studium* aus dem Gleichgewicht bringt, möchte ich daher *punctum* nennen. [...] Das *punctum* einer Photographie, das ist jenes zufällige an ihr, das mich besticht (mich aber auch verwundet, trifft).«[180] Die als konzentrierte Macht begriffene »Klitoris Amerikas« ähnelt einem solchen *punctum*. Wenn der Körper Amerikas ein *studium* ist, dann ist die kalifornische Klitoris jener Pfeil, der hervorschießt, sticht, und den weiten, wenig interessanten Raum eines »durchschnittlichen Affekts«[181] durchmisst.

Die Klitoris denken, oder vielmehr sie sich selbst denken zu lassen, heißt für mich, eine Dualität wie jene von *studium* und *punctum* hinter sich zu lassen, eben jene Dualität, die auf die Dichotomie von Aktivität und Passivität zurückverweist – mit all ihren verheerenden Auswirkungen sowohl hinsichtlich der mit ihr einhergehenden Logik der Virilität als auch der Fortschreibung des Vaginalen und Klitoralen, die sie hervorruft.

Die klitorale Lust ist weder Wirkung eines Durchbohrens noch eines Penetrierens noch irgendeines Dolchstoßes. Das bedeutet auch, dass die ekstatischen Zonen des Realen auch Zonen einer Sinnproduktion sind, die sich ohne ein Bespringen oder Hervortreten[182] manifestieren.

Die Lust befindet sich zwischen *studium* und *punctum*, in ihrem Abstand; sie ist weder das eine noch das andere. Die Klitoris ist – wie das Weibliche – ein Verhältnis der Macht *gegenüber*, aber kein Machtverhältnis.

Die Klitoris ist eine Anarchistin.

15.

Klitoris, Anarchie und Weiblichkeit

Das griechische Wort *an-archía* bedeutet wörtlich: ohne Anfang, Prinzip, Ursprung (*arché*), d.h. ohne Herrschaft. Ohne Herrschaft bedeutet auch: ohne Anfang. Die *arché* regiert eine zeitliche Ordnung, die dem Ersten, sowohl auf der Ebene der Macht wie in chronologischer Hinsicht, den Vorrang einräumt. Anarchie bedeutet infolgedessen »ohne Hierarchie noch Ursprung«. Die Anarchie stellt sowohl Abhängigkeit wie Herkunft in Frage.

Jahrhundertelang hat man unter Anarchie nichts als Unordnung und Chaos verstanden. Aristoteles hat sie als die Situation einer Armee ohne Strategen definiert. Eine Armee, die plötzlich auseinanderläuft, die nicht mehr weiß, woher sie kommt noch wohin sie geht. Die Soldaten schauen nach hinten und sehen ihren General nicht mehr, blicken nur mehr ins Leere.

Mitte des 19. Jahrhunderts haben die Anarchisten diese negativen Bedeutungen auf den Kopf gestellt und die »Anarchie zur Ordnung ohne Herrschaft«[183] erklärt. Die Soldaten ohne Führer müssen lernen, sich alleine zu organisieren. Eine Ordnung ohne Herrschaft noch Anfang ist nicht zwangsläufig eine Unordnung, ganz und gar nicht, vielmehr ist sie eine völlig andere Organisationsform, eine

Aufstellung ohne Vormacht, die nur durch sich selbst voranschreitet und nur von sich aus anhält. Eine Ordnung der Dinge ohne vorgegebene Befehle.

Die Komplizenschaft von Klitoris und Anarchie entsteht zunächst aus dem beiden gemeinsamen Schicksal als blinder Passagier, aus ihren geheimen, versteckten, verkannten Existenzen. Lange Zeit galt die Klitoris als Unruhestifterin, als ein Organ zu viel, als unnütz und die anatomische Ordnung störend, in ihrer libertären Unabhängigkeit die politischen, gesellschaftlichen Verhältnisse verspottend, in ihrer von jeder Herrschaft, jedem Prinzip und Ziel losgelösten Lustdynamik. Eine Klitoris kann man nicht steuern. Allen Versuchen, sie einem Meister – einer patriarchalen Autorität, einem psychoanalytischen Diktat, moralischen Imperativen, aufgebürdeten Bräuchen, einer bleiernen Herkunft – zu unterstellen, widersteht sie. Sie widersteht der Herrschaft allein kraft ihrer Gleichgültigkeit gegenüber Macht und Gewalt.

Macht ohne Ausübung und Performanz ist nichts. Das kann man bei der Anwendung eines Gesetzes, eines Edikts, einer Anordnung oder selbst eines Ratschlags sehen. Macht harrt stets ihrer Aktualisierung. Jeder Akt, jede Handlung, jeder Vertrag, jedes Prinzip, Gesetz, Dekret ist abhängig von der Folgsamkeit und dem guten Willen derer, die sie ausüben sollen. Das unauflösbare Gewebe der Unterordnung wird aus Taten und Macht gewebt. Die Klitoris nun ist weder Potenz noch Akt. Sie ist nicht diese unreife Virtualität in Erwartung einer vaginalen Gegenwart. Auch beugt sie sich nicht mehr dem Modell der Erektion oder des Steifwerdens. Die Klitoris unterbricht die Logik von Herrschaft und Gehorsam. Sie führt nicht, und das stört.

Emanzipation erfordert einen Umschlagspunkt, wo Macht und Herrschaft sich in sich verkehren. Autosubversion ist ein entscheidender Begriff des anarchistischen Denkens. Die Herrschaft kann nicht von außen umgestürzt werden. Ihre Bruchlinie verläuft in ihrem Innern, sie existiert vor ihrem möglichen Ruin. Jede Instanz, die sich gegenüber dem Paar Akt/Potenz bzw. Tat/Macht gleichgültig zeigt, macht Herrschaftssysteme rasend und bringt zugleich deren innere Bruchlinien zum Vorschein. Die Klitoris bahnt sich einen Weg ins Innere der normativen und ideologischen Macht, sie offenbart ihre Fehlerhaftigkeit, die jene stets bedroht.

Klitoris, Anarchie und Weibliches bilden für mich eine unauflösliche Verbindung, sie formen eine bewusste Widerstandslinie gegen autoritäre Derivate ihres eigenen Widerstands. Der Niedergang von Herrschaftszusammenhängen ist eines der größten Themen unserer Zeit. Der Feminismus ist bei diesem Einsatz ganz offensichtlich eine der lebendigsten Figuren und eine sehr exponierten Speerspitze – eben weil ohne *arché*.

Doch muss »ohne Prinzip« nicht heißen »ohne Gedächtnis«. Deshalb scheint es mir von entscheidender Bedeutung, dass man den Feminismus nicht vom Weiblichen trennt. Das Weibliche ist zunächst eine Erinnerung, eine Erinnerung an die an Frauen gestern und heute verübte Gewalt, an die Verstümmelungen, Vergewaltigungen, Misshandlungen und Morde. Natürlich ist die Klitoris in mehr als einer Hinsicht die Trägerin dieses Gedächtnisses, sie symbolisiert und verkörpert, welche Unerträglichkeit die Autonomie der weiblichen Lust darstellt. Wie bereits erwähnt, reicht der Feminismus über die Frau hinaus, er befreit sie von der Natur, um jenseits der großen und kleinen Missbräuche einen politischen Raum der Gleichgültigkeit gegenüber der Herrschaft zu eröffnen.

Das Weibliche verbindet diese Erinnerung mit einer Zukunft.

Anmerkungen

1 Von lat. *scrupulus* »spitzes Steinchen« (A.d.Ü).

2 *Anatomische* Werke *des Rhuphos und Galenos,* übersetzt von Robert Ritter von Töply, in: *Anatomische Hefte,* Abteilung 1, Band 25, Heft 2, [2], S. 345–472.

3 Vgl. Michèle Clément, »De l'anachronisme et du clitoris«, in: *Le Français préclassique* 3, Paris 2011, S. 27–45. Vgl. zudem Christian Boudignon, »Vous parlez grec et vous ne le saviez pas«, in: *Connaissance hellénique* 28 (2014).

4 Odile Buisson, »Le point G et l'orgasme féminin«, Konferenz TED, 2014.

5 Thomas Walter Laqueur, *Auf den Leib geschrieben. Die Inszenierung der Geschlechter von der Antike bis Freud,* Frankfurt a.M./New York 1992.

6 Simone de Beauvoir, *Das andere Geschlecht: Sitte und Sexus der Frau,* aus dem Französichen von Uli Aumüller, Reinbek bei Hamburg 2020, Bd. 2, Kapitel IV: »Die Lesbierin«. Valerie Traub behauptet diesbzgl.: »Seit den Anfängen der Psychoanalyse sind Klitoris und ›Lesbierin‹ wie zwei schandhafte Schwestern miteinander verstrickt, die eine ist das böse Vorzeichen der anderen«, vgl. dies., »The Psychomorphology of the Clitoris«, in: *GLQ: A Journal of Lesbian and Gay Studies,* 2 (1995), S. 82.

7 Vgl. hierzu z.B.: Delphine Gardey, *Politique du clitoris,* Paris 2019; Camille Froidevaux-Metterie, *Le Corps des femmes. La bataille de l'intime,* Paris 2018; Maïté Mazaurette et Damien Mascret, *La Revanche du clitoris,* Paris 2016; Michèle Clément, »De l'anatomisme et du clitoris«, *Le Français préclassique* 3 (2011), S. 27–45, sowie Sylvie Chaperon, »›Le trône des plaisirs et des voluptés‹ : anatomie politique du clitoris, de l'Antiquité à la fin du XIXe siècle », *Cahiers d'histoire* 118 (2012), S. 41–60.

8 Vgl. Martin Page, *Au-delà de la pénétration,* Paris 2020.

9 Paul B. Preciado, *Ein Apartment auf dem Uranus. Chroniken eines Übergangs,* Berlin 2020.

10 Wie die Begriffe es bereits anzeigen, kritisiert Derrida den zentralen Ort des Symbolischen, welcher dem Phallus zukommt. Vgl. z.B. Jacques Derrida, *Glas,* aus dem Französischen von Hans-Dieter Gondek und Markus Sedlaczek, München 2006.

11 Vgl. Stefanos Milkidis, »Foucault: On the Monstrosity of the Hermaphroditic Body«, *Queer Cats Journal of LGBTQ Studies,* 2, 1 (2018), S. 1–12. Vgl. zudem Josée Néron, »Foucault, l'histoire de la sexualité et la condition des femmes dans l'Antiquité«, *Les Cahiers de droit,* 36, 1 (1995), S. 246–291.

12 Michel Foucault, *Der Wille zum Wissen (Sexualität und Wahrheit 1),* aus dem Französischen von Ulrich Raulff und Walter Seitter, Frankfurt a.M.

1987, und ders., *Der Gebrauch der Lüste (Sexualität und Wahrheit 2)*, aus dem Französischen von Ulrich Raulff und Walter Seitter, Frankfurt a. M. 1989.

13 Gardey, *Politique du clitoris*, a.a.O., S. 145–146. Vgl. zudem Judith Butler, *Das Unbehagen der Geschlechter*, aus dem Englischen von Katharina Menke, Frankfurt a.M. 1991.

14 Die Bezeichnungen *terf* und *swerf* werden häufig miteinander verbunden. *Swerf* ist das Akronym von *Sex-Worker-Exclusionary Radical Feminist*, Bezeichnung für einen Feminismus, der Sexarbeiter:innen ausschließt und Prostitution ausnahmslos als Form der Unterdrückung ansieht.

15 Georges Cuvier, *Leçons d'anatomie comparée*, Bd. 5, Paris 1805, S. 122.

16 Eduard Adolf Jacobi, *Handwörterbuch der griechischen und römischen Mythologie*, 2 Abteilungen, Leipzig 1830–1835, S. 656.

17 Vladimir Nabokov, *Lolita*, aus dem Amerikanischen von Helen Hessel, Maria Carlsson, Kurt Kusenberg, H.M. Ledig-Rowohlt und Gregor von Rezzori; bearb. von Dieter E. Zimmer, Hamburg 2008, S. 27.

18 Giorgio Agamben, *Nymphae*, aus dem Italienischen von Andreas Hiepko, Berlin 2005.

19 Ebd., S. 38.

20 Ebd., S. 41.

21 Ebd., S. 33.

22 Ebd., S. 30.

23 Ebd., S. 40.

24 Zitiert nach ebd.

25 Ebd., S. 41.

26 Ebd., S. 36.

27 Ebd., S. 15f.

28 Ebd., S. 16.

29 Ebd., S. 44.

30 Beauvoir, *Das andere Geschlecht*, a.a.O., S. 234.

31 Ebd., S. 240.

32 Ebd.

33 André Breton, *Nadja*, aus dem Französischen von Bernd Schwibs, Frankfurt a.M 2019, S. 94.

34 Beauvoir, *Das andere Geschlecht*, a.a.O., S. 296.

35 Ebd., S. 297.

36 Ebd., S. 302.

37 José Pierre, *Recherchen im Reich der Sinne. Die zwölf Gespräche der Surrealisten über Sexualität*, München 1994.

38 Pierre-Henri Gouyon, zitiert in: Lise Barneoud, »Orgasme féminin : on sait d'où il vient«, in: *Science et vie*, 1228 (2020), S. 106.

39 Gérard Zwang, Éloge du con, défense et illustration *du sexe féminin*, Paris 2008, S. 48.

40 »Orgasme féminin: un mystère de l'évolution enfin résolu ?«, *Science et avenir*, 3. August 2016.

41 Zoe Williams, »The Truth about the Clitoris: Why It's not just Built for Pleasure«, *Guardian*, 6. November 2019. Vgl. zudem Roy J. Levin, »The

Clitoris: An Appraisal of its Reproductive Function During the Fertile Years: Why Was It, and Still Is, Overlooked in Accounts of Female Sexual Arousal«, *Clinical Anatomy* (5.11.2019).

42 Paula Bennett, »Critical Clitodirectomy: Female Sexual Imagery and Feminist Psychoanalytical Theory«, *Signs,* 18 (1993), S. 257.

43 A. E. Narjani (Marie Bonaparte), »Considérations sur les causes anatomiques de la frigidité chez la femme«, *Revue bi-hebdomadaire des sciences médicales et chirurgicales*, 27, 4 (1924).

44 Ebd.

45 Jean-Paul Sartre, *Das Sein und das Nichts. Versuch einer phänomenologischen Ontologie,* aus dem Französischen von Hans Schöneberg und Traugott König, Hamburg 1962, S. 491.

46 Ebd., S. 492.

47 Maurice Merleau-Ponty, *Phänomenologie der Wahrnehmung,* aus dem Französischen von Rudolf Boehm, Berlin 1966, S. 200.

48 Sartre, *Das Sein und das Nichts,* a.a.O., S. 54

49 Ebd., S. 509.

50 Ebd., S. 768.

51 Beauvoir, *Das andere Geschlecht,* a.a.O., S. 95.

52 Ebd., S. 334.

53 Ebd., S. 64.

54 Ebd.

55 Ebd., S. 85.

56 Ebd., S. 66f.

57 Helene Deutsch, *Psychologie der Frau,* 2 Bde., Eschborn 1988.

58 Vgl. hierzu: Marie-Andrée Charbonneau, »La sexualité féminine chez Simone de Beauvoir et Hélène Deutsch«, in: *Simone de Beauvoir Studies,* Bd. 21: *Coast To Coast With Simone de Beauvoir* (2004/05), S. 43–53.

59 Deutsch, *Psychologie der Frau,* Bd.1, a.a.O., S. 197.

60 Beauvoir, *Das andere Geschlecht,* a.a.O., S. 478.

61 Ebd., S. 478f.

62 Ebd., S. 480.

63 Ebd.

64 Françoise Dolto, *Psychoanalyse und Kinderheilkunde. Die großen Begriffe der Psychoanalyse. Sechzehn Beobachtungen,* aus dem Französischen von Eva Moldenhauer, Frankfurt a. M. 1989, S. 114.

65 Françoise Dolto, *Weibliche Sexualität:* Die *Libido und ihr weibliches Schicksal,* aus dem Französischen von Werner Damson und Andrea Wohnhaas, Stuttgart 2000.

66 Ebd., S. 37f.

67 Jacques Lacan, »Leitsätze für einen Kongress über weibliche Sexualität«, in: ders., *Schriften III,* aus dem Französischen von Norbert Haas, Franz Kaltenbeck, Friedrich A. Kittler, Hans-Joachim Metzger, Monika Metzger und Ursula Rütt-Förster, Berlin 1994, S. 221–236.

68 Jacques Lacan, *Le Séminaire XIX… ou pire…,* Paris 2011; Jacques Lacan, *Ich spreche zu den Wänden,* aus dem Französischen von Hans-Dieter Gondek, Wien 2013.

69 Lacan, *Le Séminaire XIX… ou pire…*, a.a.O., S. 69.
70 Ebd.
71 »Il n'y pas de rapport sexuel«. Auch übersetzbar als »Es gibt keinen Geschlechtsverkehr«. Vgl. auch: Jean-Luc Nancy, *Es gibt – Geschlechtsverkehr*, aus dem Französischen von Judith Kasper, Zürich 2012, sowie Alain Badiou & Barbara Cassin, *Es gibt keinen Geschlechtsverkehr*, aus dem Französischen von Judith Kasper, Zürich 2012. (A.d.Ü.)
72 Lacan, *Le Séminaire XIX… ou pire…*, a.a.O., S. 28.
73 Jacques Lacan, *Le Séminaire XXIV. L'insu que sait de l'une-bévue s'aile à mourre, 1976-1977*, unpubliziert, S. 6.
74 Lacan, *Le Séminaire XIX… ou pire…*, a.a.O., S. 69.
75 Jacques Lacan, *Le Séminaire IV. La Relation d'objet*, Paris 1994, S. 49f.
76 Lacan, »Leitsätze für einen Kongress über weibliche Sexualität, a.a.O., aus dem Französischen von Monika Metzger, S. 225f. (Übersetzung modifiziert).
77 Dolto, *Weibliche Sexualität*, a.a.O., S. 92.
78 Ebd., S. 85.
79 Ebd., S. 90.
80 Ebd.
81 Ebd., S. 91.
82 Ebd., S. 186.
83 Vgl. Magali Taïeb-Cohen, in: »Ce que les femmes doivent à Dolto«, Colloque de la Fondation européenne pour la psychanalyse, online unter: https://fep-lapsychanalyse.org/wp-content/uploads/2019/04/Taieb-6-avril-2019.pdf, S. 7.
84 Caroline Eliacheff, *Françoise Dolto. Une journée particulière*, Paris 2018, S. 181.
85 »Entretien avec Jean-Pierre Winter«, in: ebd., S. 183f.
86 Carla Lonzi, *La Donna clitoride et la donna vaginale e altri scritti. Scritti di rivolta femminile* (1974), Mailand 2010.
87 Zitiert in Michèle Causse, Maryvonne Lapouge (Hg.), *Écrits, voix d'Italie*, Paris 1977.
88 Carla Lonzi, »Wir pfeifen auf Hegel«, in: dies., *Die Lust Frau zu sein*, aus dem Italienischen von Sigrid Vagt, Berlin 1975 [Englischer Text: http://blogue.nt2.uqam.ca/hit/files/2012/12/Lets-Spit-on-Hegel-Carla-Lonzi.pdf].
89 Ebd., S. 10f.
90 Carla Lonzi, »Die klitoridische Frau und die vaginale Frau«, in: ebd., S. 35.
91 Ebd., S.48.
92 Ebd.
93 Ebd., S. 49.
94 Carla Lonzi, »Taci, anzi parla: Diario di una feminista«, in: *Scritti di Rivolta Femminile*, Mailand 1978, S. 9.
95 Lonzi, »Die klitoridische Frau und die vaginale Frau«, a.a.O., S. 63.
96 Ebd., S, 71.
97 Ebd., S. 41.
98 Ebd., S. 38.

99 Vgl. ebd., S. 40.
100 Ebd., S. 42f.
101 Lonzi, »Taci, anzi parla«, a.a.O., S. 267.
102 Luce Irigaray, *Speculum. Spiegel des anderen Geschlechts*, aus dem Französischen von Xenia Rajewsky, Gabriele Ricke, Gerburg Treusch-Dieter und Regine Othmer, Frankfurt a.M. 1980, S. 284.
103 Luce Irigaray, *Das Geschlecht das nicht eins ist*, aus dem Französischen von Eva Meyer und Heidi Paris, Berlin 1979, S. 27. Übersetzung hier und in Folge leicht modifiziert.
104 Ebd.
105 Irigaray, *Ethik der sexuellen Differenz*, aus dem Französischen von Xenia Rajewsky, Frankfurt a.M. 1991, S. 141.
106 Ebd., S. 12.
107 Irigaray, *Speculum*, a.a.O., S. 371.
108 Ebd., S. 285.
109 Ebd., S. 289.
110 Irigaray, *Das Geschlecht das nicht eins ist*, a.a.O., S. 27f.
111 Ebd., S. 22.
112 Ebd., S. 25.
113 Irigaray, *Speculum*, a.a.O., S. 290 (Übersetzung modifiziert, A.d.Ü.).
114 Valerie Traub, »The Psychomorphology of the Clitoris«, a.a.O., S. 102.
115 Ebd.
116 Irigaray, *Speculum*, a.a.O., S. 289.
117 Irigaray, *Das Geschlecht das nicht eins ist*, a.a.O., S. 73.
118 Ebd., S. 211.
119 Audre Lorde, »An Interview with Audre Lorde«, in: *American Poetry Review*, 9, 2 (1980), S. 21.
120 Alice Walker, *Sie hüten das Geheimnis des Glücks*, aus dem Englischen von Cornelia Holfelder-von der Tann und Adelheid Zöfel, Reinbek b. Hamburg 1995.
121 Maryvonne Blondin et Marta de Cidrac, »Rapport d'information fait au nom de la délégation aux droits des femmes et à l'égalité des chances entre les hommes et les femmes sur les mutilations sexuelles féminines«, Sénat, n° 479: https://www.senat.fr/basile/visio.do?id=r8104857_8&idtable=r8101647_11|r8104857_8|r894307_13|r889307_6|r8105630_8|r8102887_19|r8103567_9|r8105079_1&_c=Blondin+&rch=gs&de=20160502&au=20190429&dp=1+an&radio=deau&aff=sep&tri=p&off=0&afd=ppr&afd=ppl&afd=pjl&afd=cvn&isFirst=true.
122 Ebd., S. 9.
123 Ebd., S. 9f. Ein 1991 in Burkina Faso abgehaltenes Seminar der UNO über »Die Gesundheit von Frauen und Kindern betreffende Praktiken« empfiehlt nachdrücklich, die Bezeichnung *female genital mutilations (FGM) – Weibliche Genitalverstümmelung* zu verwenden und auf den Ausdruck »weibliche Beschneidung« zu verzichten.
124 Ebd., S. 12.
125 Ebd., S. 20.
126 Ebd., S. 138.

127 Halimata Fofana, *Mariama l'écorchée vive,* Paris 2015. Zitiert im o.g. Senatsbericht auf S. 5.
128 Walker, *Sie hüten das Geheimnis des Glücks,* a.a.O.
129 Zitiert nach Tobe Levin, »Alice Walker, Activist. Matron of FORWARD«, in: Maria Diedrich, Henri Louis Gates und Carl Pedersen (Hg.), *Black Imagination and the Middle Passage,* Oxford 1999, S. 240.
130 Walker, *Sie hüten das Geheimnis des Glücks,* a.a.O., S. 14.
131 Ebd., S. 100.
132 Ebd., S. 70.
133 Audre Lorde, »Your Silence will not Protect You«, *Sister Outsider,* New York 1984, S. 41.
134 Toni Morrison, *Menschenkind,* aus dem Englischen von Helga Pfetsch, Reinbek b. Hamburg 1992.
135 Walker, *Sie hüten das Geheimnis des Glücks,* a.a.O., S. 97.
136 Bell Hooks, *Sisters of the Yam: Black Women and Self-Recovery,* New York 2015, S. 133.
137 In ihrer Anhörung vor dem Senat am 14.12.2017 hat die Ärztin und Gründerin des Frauenhauses von Saint-Denis Ghada Hatem aufgezeigt, dass man die Problematik der sexuellen Verstümmelung kaum von anderen Formen der Gewalt gegen Frauen trennen kann, und dass sich die Genitalverstümmelung nahtlos in den Katalog der an Frauen verübten Gewalttaten, insbesondere auch in das Register der häuslichen oder familiären Gewalt, einfügt. Blondin, de Cidrac, »Rapport d'information«, a.a.O., S. 1.
138 Im Englischen zusammengefasst unter dem Begriff der *Disorders of Sex Development* (DSD). Im Deutschen etwa als Variation oder Störung der biologischen Geschlechtsentwicklung bezeichnet, wobei die Bezeichnung »Variation« für (genetische, hormonelle oder anatomische) Kennzeichen aufgrund seiner weniger abwertenden Konnotationen vorzuziehen ist.
139 Brian D. Earp und Sara Johnsdotter, »Current critiques of the WHO policy on female genital mutilations«, *Your Sexual Medicine Journal* 33 (2021), S. 196–209, https://www.nature.com/articles/s41443-020-0302-0.
140 Ebd., S. 197.
141 Ebd.
142 Ebd.
143 Ebd.
144 Ebd.
145 »Nicht-therapeutische männliche Beschneidung (MGC) umfasst rituelles Einstechen (*hatafat dam brit,* zum Beispiel), Piercings, das Ausschaben der Harnröhre, Öffnen von Adern, das Vernarben des Penis, das Einschneiden der Vorhaut (wie bei diversen ethnischen Gruppen in Papua-Neuguinea), [...] wie auch die erzwungene Beschneidung als Strafe in Form eines von unten durchgeführten Aufschlitzens des Penisschaftes während kriegerischer Auseinandersetzungen bei den australischen Aborigines, oder auch die Kastration (heute zwar selten, aber noch nachgewiesen unter den indischen Hijras) und Amputation.« (Ebd., S. 198.)

146 Ebd., S. 200. Ganz zu schweigen von der Bezeichnung des »Reparierens«, worunter man die teilweise Wiederherstellung von Genitalien versteht. Und was soll genau eine »reparierte« Frau sein?
147 Gardey, *Politique du clitoris*, a.a.O., S. 90.
148 Monique Wittig, *Le Corps lesbien*, Paris 1973, S. 33.
149 Paul B. Preciado, *Kontrasexuelles Manifest*, Berlin 2003; *Testo Junkie. Sex, Drogen und Biopolitik in der Ära der Pharmapornographie*, Berlin 2016; *Ein Apartment auf dem Uranus, Chroniken eines Übergangs*, Berlin 2020; *Je suis un monstre qui vous parle : Rapport pour une académie de psychanalystes*, Paris 2020.
150 Paul B. Preciado, »Transfem.i.nism«, *Purple Magazine*, F/W24 (2015), S. 1.
151 Der Ausdruck »zissexuell« wurde von dem Arzt und Soziologen Volkmar Sigusch geprägt, der ihn in seinen Aufsätzen »Die Transsexuellen und unser nosomorpher Blick I«, in: *ZfS*, 4, 3 (1991), S. 225–256, sowie »The Neosexual Revolution, in: *Archives of Social Behaviour*, 27 (1998), S. 331–359 gebraucht.
152 Preciado, »Transfem.i.nism«, a.a.O., S. 1.
153 Ebd., S. 4. Siehe auch Gayle Salamon, *Assuming a Body: Transgender and Rhetorics of Materiality*, New York 2010.
154 Judith Butler, *Körper von Gewicht: Die diskursiven Grenzen des Geschlechts*, aus dem Amerikanischen von Karin Wördemann, Berlin 1995.
155 Preciado, *Kontrasexuelles Manifest*, a.a.O., S. 12.
156 Ebd., S. 14.
157 Preciado, *Je suis un monstre qui vous parle*, a.a.O., S. 39.
158 Ebd., S. 11.
159 Ebd., S. 80.
160 Frei nach Alice Walker: »Womanism is to feminism what purple is to lavender«, in: dies., *In Search of Our Mothers' Gardens*, London 1983.
161 Caterine Malabou, *Changer de différence. La question féminine en philosophie*, Paris 2007.
162 »Die Neutralität des *logos* ist eine das weibliche Denken vereinnahmende Position. In dem Moment, da es darum geht, sie als wahr oder falsch zu beweisen, verschwindet die Unterscheiung von männlich *und* weiblich, eine Vorstellung, die eher von Frauen als von Männern angeführt wird.« Luisa Muraro »Le penseur neutre était une femme«, *Langages*, 85 (1987), S. 35.
163 Jacques Rancière, *Das Unvermögen. Politik und Philosophie*, aus dem Französischen von Richard Steurer, Frankfurt a. M. 2003, S. 48.
164 Ebd., S. 47f.
165 Silvia Federici, *Caliban und die Hexe. Frauen, der Körper und die ursprüngliche Akkumulation*, aus dem Italienischen von Max Henninger, Wien 2012.
166 Silvia Federici, *Beyond the Periphery of the Skin: Rethinking, Remaking, and Reclaiming the Body in Contemporary Capitalism*, Oakland 2020.
167 Ebd.
168 Vgl. Mara Mantanaro, »Corps résistants et puissants chez Silvia Federici. Une stratégie d'insurrection féministe. À propos de Par-delà les frontières du corps. Repenser, refaire et revendiquer le corps dans le capitalisme

tardif, de Silvia Federici«, *Contretemps. Revue de critique communiste*, 18. Juni 2020. Vgl. zudem Elsa Dorlin, »Vers une épistémologie des résistances«, in: Elsa Dorlin (Hg.), *Sexe, race, classe. Pour une épistémologie de la domination*, Paris 2009.

169 Mantanaro, »Corps résistants et puissants chez Silvia Federici«, a.a.O., S. 4.

170 Preciado, *Je suis un monstre qui vous parle*, a.a.O., S. 27.

171 Ebd., S. 47f.

172 Judith/Jack Halberstam, »Transgender Butch, Butch/ FTM Border Wars and the Masculine Continuum«, *GLQ: A Journal of Lesbian and Gay Studies*, 4, 2 (1998), S. 287.

173 Ebd., S. 289.

174 Ebd.

175 Jacques Derrida, *Mémoires. Für Paul de Man*, aus dem Französischen von Hans-Dieter Gondek, Wien 1988, S. 103.

176 Eine andere Fragestellung der Herausgeberinnen lautete: »Stellt das Stereotyp der ›potenten‹ Frau, das in den Sphären von Politik, Wirtschaft und Kultur auf dem Vormarsch ist, wirklich eine Befreiung dar? Ist es nicht vielmehr einfach die Kehrseite der unterdrückten Frau, so wie die Mutter und die Hure zwei Gesichter der gleichen Frauenfigur darstellen, um einen Feminismus, vor dem man Angst hat, auf Abstand zu halten?« Sie erinnern zudem an eine 2008 erschienene Nummer der *Cahiers du Genre* mit dem Titel »Die Blumen des Bösen. Männlichkeiten ohne Männer«, in der Marie Hélène/Sam Bourcier und Pascale Molinier die Frage folgendermaßen formulieren: »Ist das Maskuline die Zukunft der Frau?«, wobei sie unter dem »Maskulinen« eine »Quelle des Empowerments der Lust« verstehen und die Behauptung aufstellen, dass es »positiv in Anschlag gebracht eine der möglichen Formen der Transformation von Klassen-, Gender-, Rassen- oder Geschlechtsidentitäten für Individuen sei, die man als Frauen bezeichnet.«

177 Preciado, *Ein Apartment auf dem Uranus*, a.a.O., S. 278f.

178 Roland Barthes, *Die helle Kammer. Bemerkungen zur Photographie*, aus dem Französischen von Dietrich Leube, Frankfurt a. M. 2017, S. 37.

179 Ebd.

180 Ebd., S. 35f.

181 Ebd., S. 35.

182 Im Original *saillir*: Die Bedeutung erstreckt sich von »bespringen«, »decken«, »schälen« über *saillir une jument*, »eine Stute beschälen«, bis zu »hervorspringen«, »hervorstehen«, im Sinne eines räumlichen Hervortretens. (A.d.Ü.)

183 Pierre-Joseph Proudhon, *Les Confessions d'un révolutionnaire, pour servir à l'histoire de la révolution de février* [1849], Paris 2012 [*Bekenntnisse eines Revolutionärs*, hg. von Arnold Ruge, Leipzig 1850].